DAS GROSSE BUCH DER SCHLÖSSER AN DER LOIRE

Text von
NOEL GRAVELINE

MINERVA
SOLAR

 Designed and produced by ÉDITIONS MINERVA S.A.

ISBN: 2-8307-0012-0
Printed in Italy

Oben:
Kamin im Schloß von Blois mit dem Stachelschwein,
dem Wappentier Ludwigs XII.

Abbildungen auf dem Einband:
Vorderseite: Das Schloß Azay-Le-Rideau
Rückseite: Königswappen am Schloß von Blois

Gien

Traditionsgemäß bildet Gien den Auftakt für einen Besuch der Königsschlösser an der Loire, die den Fluß weltberühmt gemacht haben. Um die Bedeutung des Ortes noch zu unterstreichen, schreibt die Legende die Gündung des schlichten Kastells, aus dem die Stadt erwuchs, Karl dem Großen zu. Anne de Beaujeu, Gräfin von Gien, ließ das heutige schiefergedeckte Backsteinschloß erbauen, dessen beide Flügel die Stadt beherrschen.

Im ausgehenden 15. Jh. stellte diese beispielhafte Herrscherin, deren Untertanen sie respektvoll „Madame la Grande" nannten, ihr Talent als Bauherrin unter Beweis, denn die kunstvolle Schlichtheit des Bauwerks beruht auf einer interessanten Backsteinbauweise mit weißer Ornamentierung. Im Innern des Gebäudes ist jetzt ein Internationales Jagdmuseum eingerichtet. Die herrlichen Tapisserien sowie Hunderte zum Teil seltene Jagdtrophäen aus der benachbarten wildreichen Sologne fügen sich gut in die alten Säle ein.

Das Schloß von Gien beherbergt das Internationale Jagdmuseum: der große Saal (1). Zwei weitere Ausstellungsräume (2 und 3). Ansicht des Schlosses (4). Schloß Sully-sur-Loire mit seinen Gräben (5).

Sully-sur-Loire

Mehr noch als Gien war Sully-sur-Loire bereits im frühesten Mittelalter ein Brückenkopf von hoher militärischer Bedeutung. Neben der Jungfrau von Orléans, die aus dem Schloß entfloh, um erneut gegen die Engländer zu kämpfen, hat Maximilian von Béthune den Ort bekannt gemacht, jener Mann, dessen Namen die Geschichte vergaß und durch den seines Schlosses ersetzte. Nach der Ermordung Heinrichs IV. zog er sich hierher zurück, um im Stile eines Prinzen zu leben. Ihm sind daher auch die wichtigsten Verbesserungen an dem Bauwerk zu verdanken. Er ließ die Loire von den Schloßmauern ableiten, die neu angelegten Gräben sich mit dem Wasser des Flüßchens Sange füllen, einen Park entstehen und das Schloß, in dem man noch seine Wohngemächer besichtigen kann, erweitern.

So verlieh er der alten Festung mit ihren runden Türmen — einer wichtigen Neuerung des Architekten Raymond du Temple — einen freundlichen und zugleich majestätischen Charakter. Die Innenräume sind gleichermaßen beeindruckend; das Gebälk aus Kastanienholz gehört zu den besten seiner Art. Es diente wahrscheinlich als Schnürboden für die Aufführungen der Theaterstücke Voltaires, der nach seiner Verbannung aus Paris mit seiner Schauspielertruppe auf Schloß Sully weilte.

Châteaudun

Der aus Paris kommende Reisende erreicht zuerst Châteaudun, dessen Schloß an der Grenze zur Landschaft Beauce den Loir aus 60 Metern Höhe überragt. Seit 1391 im Besitz derer von Orléans, wich die durch den runden Bergfried charakterisierte Festung aus der Feudalzeit im 15. Jh. dem Dunois-Flügel und der Kapelle. In der Renaissance wurde die Anlage durch den Longueville-Flügel vervollständigt.

Die Strebepfeiler der rechtwinklig angeordneten Gebäude fallen steil zum Fluß hin ab, während die Hofseite von großer Feinheit ist und von drei sehr unterschiedlichen Treppen geschmückt wird: Im Mittelalter wand sich eine einfache Wendeltreppe in der Nähe der Kapelle in einem Türmchen in die Höhe. Die Gotik bringt hohe, spitze Fensteröffnungen, und mit der Renaissance kommt die elegante Harmonie der Loggien mit Flachtonnengewölbe.

Die Inneneinrichtung dieses hellen und komfortablen Schlosses ist sehr gut erhalten; sehenswert sind vor allem die großzügigen Küchenräume mit Fächergewölbe und den riesigen Kaminen. Im Erdgeschoß sind interessante Tapisserien aus Flandern und Paris sowie Möbel aus dem 17. und 18. Jh. ausgestellt. Die für Dunois, den berühmten „Bastard Ludwigs von Orléans", errichtete Sainte Chapelle enthält unter anderem eine Freske, die das Jüngste Gericht darstellt, sowie mehrfarbige Statuen, die Dunois selbst hier aufgestellt hat.

Das Schloß von Châteaudun (1). Die Küche (2), der Salon im Dunois-Flügel (3) und ein Kamin (4). Die Hofseite mit dem Bergfried und der Kapelle (5).

Talcy

Dieses einfache, im 15. und 16. Jh. erbaute Schloß verdankt seinen Platz in der Geschichte einer eher schöngeistigen Erinnerung: Es wurde 1517 von Bernard Salviati, dem Vetter Katharinas von Medici erworben, dessen Tochter Kassandra den Dichter Ronsard inspirierte, bevor seine Nichte Diane Agrippa d'Aubigné verführte. Sehr viel später ging aus dieser Familie Alfred de Musset hervor. Doch auch das Gebäude selbst hat seinen Reiz, denn sein etwas strenger Rahmen wird durch zwei kleine Meisterwerke aufgelockert, einen alten Taubenschlag und eine Kelter, deren Mechanismus nach 400 Jahren noch heute funktioniert.

Talcy. Eine noch funktionstüchtige Kelter aus dem 17. Jh. (1). Ein Gemach aus dem 17. Jh. (2). Der große Salon aus dem 18. Jh. (3). Der Schloßhof (4).

Chambord

„Wie eine Frau mit vom Wind zerzausten Haaren" – diesen Vergleich gebrauchte Chateaubriand, um die ruhige Regelmäßigkeit der Fassaden Chambords und seine überaus komplexen Dachstrukturen zu beschreiben. Der Name des genialen Architekten, dem wir diesen gigantischen, von Franz I. in Auftrag gegebenen Palast verdanken, ist

nicht überliefert, doch liegt die Vermutung nahe, daß der 1519, als die Arbeiten begannen, verstorbene Leonardo da Vinci nicht ganz unbeteiligt an der Konzeption der Fassade war, deren Struktur ganz dem Gesetz des Goldenen Schnitts verhaftet ist. Hatte der jagdfreudige König diesen Ort wegen seiner Nähe zum Wald von Boulogne gewählt, der heute staatliches Jagdrevier ist, oder hatte er ein Auge auf eine Schloßherrin der Umgebung geworfen? Wie dem auch sei, die Landschaft inspirierte zum Bau einer beeindruckenden Festung mit ihren Türmen und dem wuchtigen Bergfried, die auf dem Höhepunkt der Renaissance in ein prächtiges Lustschloß verwandelt wurde, und einzig Versailles sollte es eineinhalb Jahrhunderte später gelingen, dieses Werk zu übertreffen.

Die Fassade umschließt in ihrer Mitte zwei der Ecktürme des quadratischen Mittelbaus, Überreste des Bergfrieds aus der Feudalzeit. Über den 365 Kaminen dieser „Haartracht" erhebt sich als Apotheose der Großen Treppe, die das Prunkstück des

Detail der Schmuckelemente an der Stirnseite des Schlosses von Chambord (1). Blick auf das Schloß vom nahegelegenen Fluß (2). Die Hauptfassade und das Königstor (3).

Schlosses darstellt, die Laterne mit einer steinernen Lilie, dem Kennzeichen der französischen Könige. Die Große Treppe liegt im Herzen des Gebäudes und bildet den Zugang zu den vier Gardesälen. Ihre beiden übereinanderliegenden Wendel verlaufen frei durch das im Mittelstück durchbrochene Treppenhaus; so können zwei Leute, die die Treppe hinaufsteigen, sich ständig sehen, ohne aber einander zu begegnen, bevor sie die berühmte Terrasse mit den mit runden Schieferplatten verzierten Schornsteinen erreichen. Diese war wie geschaffen zum Ränkeschmieden und für galante Abenteuer, aber auch unvergleichlicher Aussichtspunkt, um der Heimkehr der Jäger oder Militärparaden beizuwohnen, und nahm deshalb eine zentrale Stellung im Hofleben ein.

Franz I. erlebte den Abschluß der Arbeiten nicht mehr, doch hatte er es sich nicht nehmen lassen, seine Residenz zu bewohnen und dort Empfänge abzuhalten, wobei er sogar Karl V. in Staunen versetzte. Heinrich II. setzte das Werk seines Vaters fort, indem er die beiden offenen Treppentürme in den Ecktürmen des Ehrenhofs hinzufügte. Später ließ das königliche Interesse an Chambord jedoch nach, und man kam nur noch zur Jagd hierher. Ludwig XIII. übertrug das Schloß auf seinen Bruder. In den Sälen von Chambord offenbarte seine Tochter, die „Grande Demoiselle", dem Offizier Lauzun ihre Leidenschaft. Unter Ludwig XIV. fällt Chambord wieder an die Krone zurück; Molière schrieb

Chambord. Verschiedene Impressionen.

hier für den Monarchen zwei Stücke. Anläßlich der Premiere des *„Monsieur de Pourceaugnac"* soll der Schauspieler Lulli, um den König endlich zum Lachen zu bringen, von der Bühne auf das begleitende Cembalo gesprungen sein, das unter seinem Gewicht zusammenbrach.

Ludwig XV. überließ Chambord seinem exilierten Schwiegervater Stanislaus Leszczyński, der leider auf den unglücklichen Einfall kam, die Gräben auffüllen zu lassen. Das Schloß wurde noch ein letztes Mal von prunkvollem Leben erfüllt, als der Marschall Moritz von Sachsen es als königliche Belohnung für seinen Sieg bei Fontenoy erhielt. Er ließ die Domäne von Trompetenstößen und dem Klang der Pferdehufe seiner Tartarenregimenter widerhallen, bevor er im Duell von seinem Rivalen Fürst Conti getötet wurde. Das leerstehende Schloß entging unter der Revolution nur knapp der Zerstörung und fand seinen Glanz erst wieder, als der Staat es 1930 aufkaufte. Zwar kann es kein prächtiges Mobiliar vorweisen, doch bildet der Reichtum an Schmuckelementen ein Prunkstück der frühen Renaissance.

Chambord. Die Große Treppe (1). Einer der Gardesäle und die mit Salamandern verzierten Gewölbe (2 und 3).

1 △

2 ▽

Chambord. Der Sonnensaal (1). Die Gemächer Ludwigs XIV. (2). Das Königsgemach (3). Die Landschaft der Umgebung (4). Die zahlreichen Laternen und Außenkamine (5). Folgende Seiten: Gesamtansicht des Schlosses.

Blois

Hoch über der „Treppe aus Straßen", wie Victor Hugo die Altstadt bezeichnete, bietet das Schloß einen Querschnitt aller architektonischen Stilarten Frankreichs, vom Spitzbogen bis hin zum Klassizismus. Unter einem sehr spitzen, fensterlosen Dach beherbergt der älteste Gebäudeteil den herrlichen Ständesaal, einen Überrest der früheren mittelalterlichen Burg, die wahrscheinlich von Thibault IV., Graf von Blois, errichtet worden war, dem wir

Besichtigung die Bauten Ludwigs XII. ansehen, die die andere Seite dieses alten Teils verlängern.

Der in Blois geborene König machte sich sofort nach seiner Thronbesteigung daran, die Festung in eine würdige und behagliche Residenz umzuwandeln. Dieser Flügel ist ein anmutiges, asymmetrisches Gebäude aus verschiedenfarbigem Backstein mit Fenster- und Türrahmungen aus andersfarbigem Stein. Er wird an beiden Seiten von eckigen

auch die Kathedrale von Chartres verdanken. Heinrich III. ließ zweimal die Generalstände des Königreichs in diesem rein gotischen Rahmen zusammenrufen. Vor allem erinnert man sich seiner in Blois jedoch im Zusammenhang mit der Hinrichtung des Herzogs von Guise. Schauplatz der tödlichen Falle für den Mann mit dem Schmiß war das zweite Stockwerk des Franz-I.-Flügels, zu dem der herrliche achteckige Treppenturm hinaufführt, der Blois berühmt gemacht hat. Von der Mitte des Hofes aus gesehen liegt dieser Flügel links vom alten Schloß, doch sollte man vor seiner

Türmen flankiert, in denen Wendeltreppen zu einer auf einem Korbbogen ruhenden Galerie führen, die die verschiedenen Räume miteinander verbindet. Ebenfalls aus der Zeit Ludwigs XII. stammt der Chor der Saint-Calais-Kapelle, deren schlankes Türmchen hinter einer niedrigen Galerie aufragt, Teil eines dritten Schloßflügels, der einen Durch-

Der Franz-I.-Flügel des Schlosses von Blois (1). Eine weitere Ansicht dieses Flügels und die große Treppe (2). Die Loggienfassade (3).

gang zum inneren Graben und dem Foix-Turm, einem weiteren Überrest aus dem 13. Jahrhundert, freiläßt.

An der Außenseite des Ludwig-XII.-Flügels liegt der Eingang zum Schloß, dessen reicher Figurenschmuck nicht nur königlichen Prunk widerspiegelt, sondern auch Schlüsse auf den derben, um nicht zu sagen schlüpfrigen Humor der Epoche zuläßt. In einer spätgotischen Nische oberhalb des Haupteinganges ist der König zu Pferde dargestellt. Er reitet einen Zelter, das heißt, ein Pferd, das im Paßgang gehen mußte, einer schwierigen, heute nahezu aufgegebenen Gangart. Sein ungewöhnliches Wappentier, ein Stachelschwein, finden wir an der Schlupfpforte, sein Zeichen im Wimperg eines Fensters und die Lilie der französischen Könige in einem anderen. Anna von Bretagne, zweite der insgesamt drei Frauen des „Vaters des Volkes", hat ihre Symbole, das Hermelin und ein fein gemeißeltes „A", etwas diskreter am Haupt-

gebäude hinterlassen. Zwischen den in unbekümmerter Phantasie verteilten Fenstern führte der linke Balkon zum Gemach des Königs. Dieser plauderte gerne früh morgens von hier aus mit seinem Minister Kardinal d'Amboise, der ein Stadtpalais in allernächster Nähe zum Schloß bewohnte.

Ein neuer König, ein neues Wappen. Die Zahl der am Franz-I.-Flügel angebrachten gekrönten Salamander ist ebenso groß wie die der Bauwerke, die der Herrscher im Laufe seiner Regentschaft errichten ließ. Blois war sein erstes Werk; beiderseits der Befestigungsmauern ließ er hier die bereits bestehenden Gebäude umbauen. Obwohl nicht von Grund auf neu, bildet dieser Teil den schönsten Abschnitt des Schlosses, denn nur etwa ein Dutzend Jahre nach dem Tode Ludwigs XII. fei-

Blois. Die Fassade aus der Zeit Ludwigs XII. sowie ein Ausschnitt (2) mit der Statue des Königs (3).

3 ▷

ert hier der italienische Stil, der sich bereits in einigen Arabesken angekündigt hatte, endlich seinen Triumph. Beispielhaft dafür ist der in den Hof hinausragende Treppenaufgang. Die fünf äußeren Seiten dieses Meisterwerks der Renaissance sind stark durchbrochen, wodurch der Hof hier wie von Tribünen aus den zahlreichen Festlichkeiten beiwohnen konnte.

Das Interesse Franz' I. am Schloß von Blois erklärt sich durch seine Heirat mit Claudia von Frankreich, der Tochter Ludwigs XII., die sich hier sehr wohlfühlte. Das Hermelin, das die Mauern ziert, ist das Wappentier dieser jungen Königin, die, kaum waren die Arbeiten abgeschlossen, früh verstarb. Obwohl der Herrscher die Renaissance von ganzem Herzen unterstützte, sind die Fenster und Dacherker noch auf althergebrachte Weise ohne Rücksicht auf die Symmetrie verteilt. Die Außenfassade wurde auf die alte Befestigungsmauer aufgesetzt, die nach Meinung Franz' I. zu wenig zur Stadt hin geöffnet war. Die zweigeschossige Loggienfassade, die von einer Reihe von Wasserspeiern und einer Galerie abgeschlossen wird, erinnert entfernt an den Vatikan, ohne daß der italienische Stil über den französischen Geschmack Oberhand gewonnen hätte.

Die Gemächer dieses Flügels weisen im ersten Stock noch Reste der ursprünglichen Einrichtung, Kamine, Türfassungen, Schnitzereien und dergleichen auf. Hier befinden sich der Gardesaal, in dem Bälle abgehalten wurden und Ronsard und Kassandra einander trafen, das kleine Arbeitszimmer Franz' I. mit seiner prächtigen Holztäfelung und, auf der Seite der Galerie, das Gemach, in dem Katharina von Medici gerade zwölf Tage nach dem berühmtesten Gast des Schlosses, unbeachtet

Blois. Die Gemächer der Königin (1). Das Kabinett der Katharina von Medici, dessen geschnitzte Holztäfelung Geheimschränke verbirgt (2). Ihr Zimmer (3). Der Ständesaal (4). Der Große Saal im Ludwig-XII.-Flügel (5).

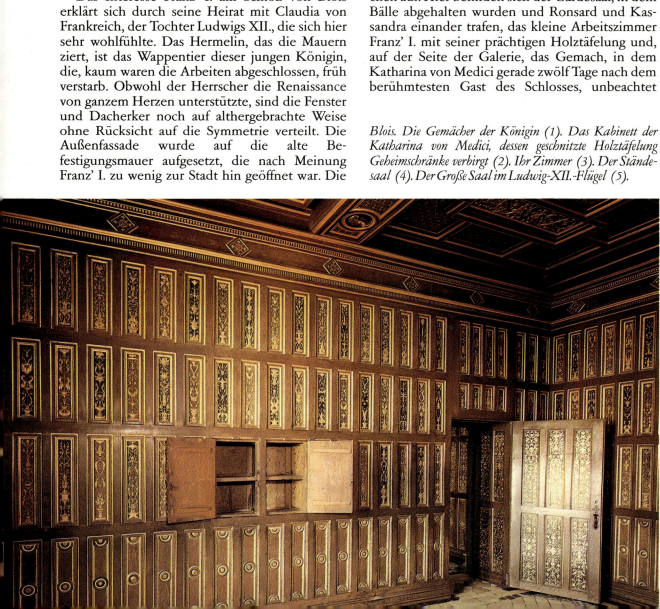
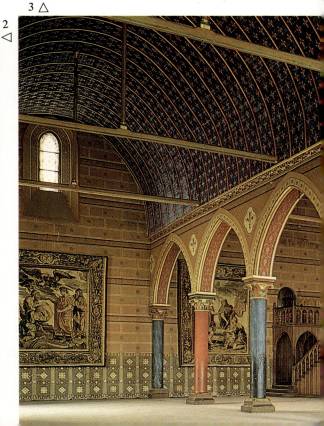

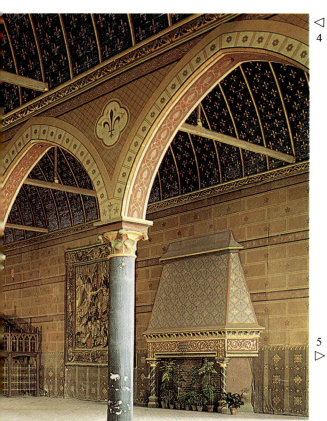

◁ 4

5 ▷

starb. In dem darüberliegenden Stockwerk nämlich wurde am Weihnachtsvorabend des Jahres 1588 der Herzog von Guise ermordet, ein Ereignis, das in Blois ausgiebig durch Gemälde aus dem 19. Jh. illustriert wird.

In der Folge mieden die Könige das Schloß von Blois, und Heinrich IV. und Ludwig XIII. kamen nur sehr selten. Nachdem im Jahr 1617 Maria von Medici bei ihrer tragischen Flucht per Strickleiter der eigenen Korpulenz zum Opfer fiel, wurde hier nie mehr Geschichte geschrieben.

Gaston d'Orléans erhielt das Schloß schließlich als Apanage und machte es zu seinem Wohnsitz. Er beauftragte François Mansart mit umfangreichen Renovierungsarbeiten, konnte diese jedoch mangels finanzieller Mittel nicht zu Ende führen. Der Bruder Ludwigs XIII. hat außerdem den einzigen Wohntrakt, den er zwischen dem Franz-I.-Flügel und dem bei diesem Anlaß eingerissenen Kirchenschiff der Saint-Calais-Kapelle errichtet hatte, niemals bewohnt.

Glücklicherweise strich Richelieu dem Prinzen die Gelder, hätte doch die Ausführung seiner Pläne die Zerstörung des ganzen Schlosses verlangt. Auch hält der klassizistische Stil des Gaston d'Orléans-Flügels dem Vergleich mit der freundlich belebten Renaissance nicht stand. Von außen her überzeugt jedoch die majestätische Würde des Bauwerks, und die von antiken Vorbildern inspirierte Fassade steht den anderen, hinter dem Blattwerk verborgenen Schloßtrakten in nichts nach.

Hierin liegt das wundervolle Geheimnis des Schlosses von Blois, dessen Reichtum unmöglich anhand der Details zu beschreiben ist, bei dem man aber dennoch die Schönheit in der Schlichtheit findet.

Blois. Detail eines Kamins im Kabinett der Katharina von Medici (1). Zwei Darstellungen des Salamanders, des Wappentiers Franz I. (2 und 4). Das Stachelschwein, Wappentier Ludwigs XII., mit dem „A" der Anna von Bretagne (3). Verzierung eines Kamins (5).

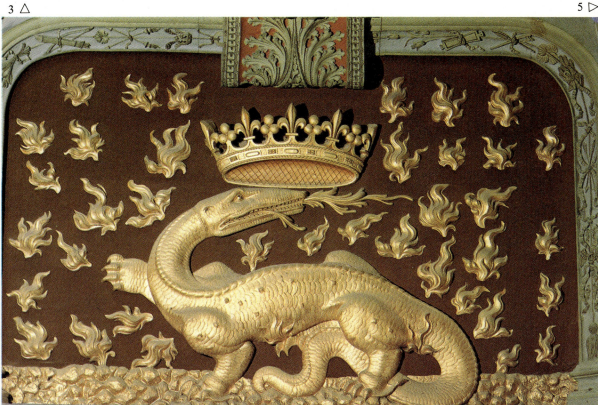

Cheverny

Wenn es eine Antithese zu Blois gibt, dann das Schloß von Cheverny. Abgelegen von der Loire wurde es zwischen 1604 und 1634 in einem Zuge erbaut, blieb immer im Besitz der Familie, die seinen Namen trägt, und weist bis hinein in die Wohnräume, die eine der schönsten Inneneinrichtungen aus der Zeit Ludwigs XIII. beherbergen, einen vollkommen einheitlichen Stil auf. Und wenn die Nachkommen des Hurault de Cheverny die siebzig Jagdhunde ihrer Meute von der Leine lassen, könnte man glauben, die Zeit sei hier am Rande der Sologne seit 300 Jahren stehengeblieben.

Perfektion der Symmetrie und Reinheit des Klassizismus— so bietet sich Cheverny dem Besucher dar. Das Innere des Gebäudes ist ebenso vollkommen. Im Großen Salon verblassen das gemalte Dekor und die Goldverzierungen vor dem wertvollen Mobiliar und den Gemälden von Titian, Mignard und aus der Werkstätte Raffaels. Den Kleinen Salon schmücken fünf flämische Tapisserien, während drei erst kürzlich eröffnete Räume weitere Reichtümer zeigen: eine Galerie, einen weiteren Salon und die Bibliothek mit ihrer bemerkenswerten Holztäfelung. Im Erdgeschoß befindet sich auch der Speisesaal mit einer Decke im französischen Stil.

Im ersten Stock, den man über die mit reichem Skulpturenschmuck versehene Große Treppe erreicht, befindet sich neben dem Waffensaal das Juwel von Cheverny. Das Gemach des Königs macht seinem Namen alle Ehre, königlich sind seine Tapisserien, der Renaissance-Kamin, das Bett mit Baldachin, die persische Seide und die Decke im italienischen Stil.

Cheverny. Der Saal der Jagdtrophäen in den Nebengebäuden des Schlosses (1). Der Gardesaal (2). Das Königsgemach (3). Die Schloßfassade (4). Folgende Seiten: Gesamtansicht des Schlosses, des Parks und der Anlagen.

4 △

Chaumont

Leidenschaftliche Frauen wie Diana von Poitiers, Madame de Staël und Madame Récamier haben die Geschichte Chaumonts geprägt, obwohl das trutzige Bauwerk eher als Schauplatz kriegerischer Heldentaten geschaffen scheint. Doch in der Tat versteckt sich hinter diesen wehrhaften Mauern die Sanftheit der Renaissance, und letzte Zweifel schwinden, wenn man den Ehrenhof betritt: Die Festung, deren zur Loire hin gehender Flügel abgerissen und in eine Terrasse mit herrlicher Aussicht verwandelt wurde, verbirgt ein bezauberndes Lustschloß.

Dennoch zog Diana von Poitiers nicht freudestrahlend in Chaumont ein, denn nachdem ihr königlicher Liebhaber bei einem Turnier ums Leben gekommen war, hatte ihr ihre Rivalin Katharina von Medici „vorgeschlagen", das liebliche Chenonceau gegen dieses bescheidene Schloß zu tauschen. So hatte jede der beiden verfeindeten Frauen ihre Gemächer auf Chaumont, doch konnte Diana von Poitiers sich mit dieser Demütigung nicht abfinden und verbrachte lieber die letzten Jahre ihres Lebens in dem schöneren Anet. Auch für die anderen illustren Bewohnerinnen des Gebäudes hatte ihr Aufenthalt den bitteren Geschmack des Exils: Madame de Staël, deren Ungestüm Napoleon fürchtete, wurde aus der Hauptstadt verbannt, doch versammelte sie auch in Chaumont ihren „Hof" um sich, insbesondere Benjamin Constant und Madame Récamier.

Erst sehr viel später kam mit der Fürstin von Broglie eine heitere Frauengestalt auf das Schloß. Sie ließ den herrlichen Fayenceboden des Ratsaals legen, eine sizilianische Arbeit aus dem 17. Jh., die man um 1900 aus Palermo gebracht hatte. Ihr Mann veranlaßte den Bau der etwas abseits entfernt liegenden Stallungen.

Chaumont-sur-Loire. Der Ehrenhof (1). Die Zugbrücke und die beiden runden Türme am Eingang (2). Der Speisesaal (3). Das Schloß auf einer Anhöhe über der Loire (4). Folgende Seiten: Chaumont – ein majestätischer Anblick.

Gué-Péan

Das einstige Jagdschloß Gué-Péan aus dem 16. und 17. Jh. gehört zu den weniger bekannten Schlössern der Touraine. Es beeindruckt jedoch durch seine mittelalterliche Anlage, einen von vier Türmen flankierten, geschlossenen Hof, die unterschiedlich geformten Dächer, die pilastergerahmten Bögen und die Zimmerflucht, in der eine Sammlung von Tapisserien und Gemälden alter Meister zu sehen ist.

Lassay

Tief im Herzen der Sologne wurde Schloß Moulin bei Lassay für einen Edelmann erbaut, der ein Jugendfreund Karls VIII. war. Als Hauptmann hatte Philippe du Moulin dem Herrscher in der Schlacht von Fornoue 1495 das Leben gerettet, und das Schloß ist Zeugnis des Reichtums, der diese Tat belohnte. Die Gebäude aus mit Stein abgesetztem Backstein, die sich in den Burggräben spiegeln, sind nicht mehr wehrhaft, haben aber auch noch nicht den freundlich offenen Charakter vieler Lustschlösser der Epoche. Im Bergfried ist zeitgenössisches Mobiliar aus der Sologne ausgestellt.

Die Küchenräume von Schloß Moulin (1), seine von Gräben umgebenen Backsteinbauten (3). Ein Salon im Schloß von Gué-Péan (2). Die Fassade und der Innenhof dieses Schlosses (4 und 5).

5 ▽

Saint-Aignan

Die einladenden Wälder und Weinberge der Ufer des Cher haben der Loire zum Teil ihren Vorrang streitig gemacht, wie es das prachtvolle Chenonceau beweist. An diesem Flußlauf sind aber auch noch andere, wenn auch bescheidenere Schlösser entstanden. Die mittelalterliche Burg der kleinen befestigten Stadt Saint-Aignan existiert nicht mehr; an ihrer Stelle erhebt sich heute über den Dächern der Stadt ein reizendes Renaissance-Schloß. Eine mächtige Treppe führt zum Schloßhof an der Spitze des Rechtecks, das die Gebäude mit dem achteckigen Treppenturm bilden. Diesen bekrönt eine Laterne, der die reich verzierten Giebel der Dacherker entsprechen.

Das Schloß von Saint-Aignan erhebt sich gegenüber der Kirche der kleinen Stadt und überblickt den Cher (1). Der Ehrenhof und die Terrasse (2).

Valençay

Mögen die Wurzeln von Valençay auch im Berry liegen, so ist dieses zauberhafte Schloß doch unmöglich in architektonischer oder geschichtlicher Hinsicht vom Loiretal zu trennen. Zunächst erhob sich hier nur eine einfache Burg. Doch als der Besitzer, Jacques d'Estampes, um 1540 die Tochter eines reichen Finanziers ehelichte, kamen dabei beide Beteiligten auf ihre Kosten: Sie erhielt das Adelsprädikat, er ließ ein neues Schloß errichten. Diese Geburt im Zeichen der Finanz blieb für Valençay lange Zeit bestimmend, denn es kam später in den Besitz verschiedener Generalpächter und gehörte auch dem Nationalökonomen John Law, der zu unseliger Berühmtheit gelangt ist. Seine eigentliche Blütezeit erlebte das Schloß, als es in die Hände Talleyrands überging, und dem „hinkenden Teufel" ist es zu verdanken, daß Valençay im Jahre 1808 als goldenes Gefängnis für die unter dem Empire abgesetzten spanischen Prinzen auserwählt wurde.

Sofort nachdem die alte Burg dem Erdboden gleichgemacht war, ließ Jacques d'Estampes hier einen Wohnturm errichten, der klassizistische Stilformen ankündigt. Bei dem im 17. Jh. angefügten und später umgebauten Westflügel mit seinen Pilastern und dem mit Ochsenaugen versehenen Mansardendach haben sie sich schließlich ganz durchgesetzt.

Der Ehrenhof und die rechtwinklig angeordneten Gebäude des Schlosses von Valençay (1). Der Bergfried (2).

Selles

An den grünen Ufern des Cher liegt verborgen das ungewöhnliche Schloß von Selles mit seinen vielen Gesichtern. Seine rechteckigen, von vier Brücken überspannten Wassergräben deuten auf eine ehemalige Festung hin, an die der sogenannte „Goldene Pavillon" erinnert. Es handelt sich dabei um ein elegantes Gebäude, das Philippe de Béthune, ein Bruder des Ministers Sully, den dicken Mauern zum Trotz im Stil der italienischen Renaissance einrichten ließ und das noch immer durch seine Pracht beeindruckt.

Dieser Rahmen war reizvoll, doch letztlich zeitfremd, also beschloß Philippe de Béthune den Bau eines weiteren Flügels an der gegenüberliegenden Brücke. Verbunden durch eine lange Mauer in der Art eines Wehrgangs verkörpern diese beiden Gebäude aus rotem Ziegel und weißem Stein ganz das 17. Jahrhundert. Zu besichtigen ist hier besonders das Gemach der Königin von Polen.

Das Schloß von Selles-sur-Cher. Das Wappen von Pierre-Philippe de Béthune (1), der Eingang (3), den eine lange von zwei Gebäuden aus dem 17. Jh. flankierte Mauer einrahmt (2). Brücken verbinden die Türme der Wallmauer über die Gräben (4); Blick auf das Schloß vom Fluß aus (5).

Montpoupon

Im Mittelalter war Montpoupon, zwischen den Flüssen Indre und Cher, beziehungsweise zwischen den Schlössern Loches und Montrichard gelegen, von großer strategischer Bedeutung. Von der damaligen Festung sind noch die Türme erhalten, jedoch stammt der Wohntrakt aus dem 15. Jh., während die Vorburg mit ihren Renaissance-Türmchen an Chenonceau erinnert. In Montpoupon finden wir nicht nur das historische Andenken an die „Gouvernante der Kinder Frankreichs", sondern auch beeindruckende Wirtschaftsräume: Küchen mit herrlichen Kupfergefäßen, Wäschekammern, ein Museum des Weidwerks und Stallungen. Alle diese Dinge lassen in den alten Mauern ein farbenprächtiges Leben wieder auferstehen.

Montrésor

Montrésor war eines der zwanzig Schlösser des Foulques Nerra. Die Überreste der Türme und des Mauerwerks wirken noch recht massiv im Vergleich zu dem im 15. Jh. von Imbert de Bastarnay errichteten Wohntrakt. Nach häufigen Besitzerwechsel wurde das Schloß von einem polnischen Edelmann und Gefährten Napoleons III. aufgekauft. Ihm verdankt Montrésor eine ganze Reihe wertvoller Stücke aus der polnischen Königsfamilie.

Einer der Türme (1) und das Hauptgebäude (3) des Schlosses von Montpoupon. Die Ruinen der frühen Burg von Montrésor (2) und das Schloß aus dem 16. Jh., das ihnen gegenübersteht (4).

Loches

Der enorme Quader des von halbrunden Strebepfeilern gestützten Bergfrieds von Loches gehörte zu den mächtigsten des Königreichs. Dieses Meisterwerk einer Befestigungsanlage wurde im Auftrag Foulques Nerras errichtet. Trotzdem mußte, als die Plantagenets hier England verteidigten, dieser südliche Teil der befestigten Stadt ständig weiter verstärkt werden, so daß die den Bergfried umschließenden Bauten eine wahre Enzyklopädie der Festungsbaukunst darstellen: Chemise, Poterne, etc. Als der Fortschritt der Artillerie Anlagen dieser Art überholt hatte, wurde die Festung in das berüchtigste aller Staatsgefängnisse umgebaut. In den unterirdischen Verliesen schmachteten Lodovico Sforza sowie die Bischöfe von Puy und Autun; über dem Gewölbe lag ein Verhörraum, in dem Kardinal La Balue zehn Jahre lang seine eigene grausame Erfindung eines engen, an der Decke aufgehängten Eisenkäfigs am eigenen Leib ausprobierte.

Hinter dem Königstor, am gegenüberliegenden Ende der Stadtmauern, die die mittelalterliche Stadt und ihre schöne Stiftskirche schützten, erhebt sich das Gebäude, das die Königlichen Gemächer beherbergt, und das viele Berühmtheiten empfangen hat. Das „Vieux Logis" genannte mittelalterliche Bauwerk mit seinen Türmchen und Stufengiebeln zeigt, daß zur Zeit, als die Jungfrau von Orléans hier Karl VII. beschwor, sich in Reims krönen zu lassen, der Nutzen eines Gebäudes noch immer in seiner Wehrhaftigkeit lag. Als König kehrte Karl VII. nach Loches in Begleitung der ersten seiner offiziellen Favoritinnen, Agnès Sorel, zurück.

Die „Dame de Beauté", wie man sie nach ihrem Herrensitz nannte — berühmte Gemälde belegen ihre große Schönheit — war während ihres kurzen Lebens die Seele des Schlosses. Sie geistert auch heute noch durch die Stadt, denn ihr Grab mit der ruhenden Figur aus Alabaster hat eine abenteuerliche Geschichte. Nach ihrem Tode war Agnès Sorel trotz anfänglichen Widerstands der Stiftsherren in der Stiftskirche beigesetzt worden; unter der Revolution wurde das Grab entweiht, in Paris restauriert, danach in den nach ihr benannten Turm und zuletzt in das „Nouveau Logis" überführt. Die-

Die Fassade des Schlosses von Loches (1). Das Schloß gegenüber der St-Ours-Kirche (2). Der Wehrgang (3). Der Bergfried, der runde Turm und die königlichen Gemächer (4).

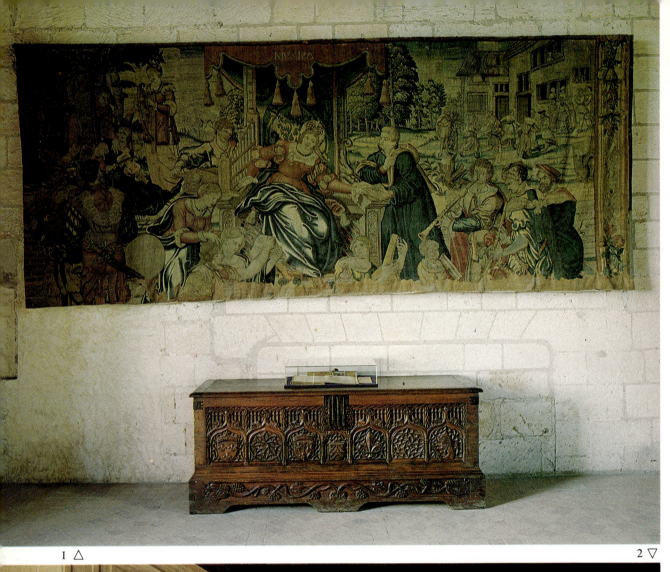

1 △

2 ▽ 3 △

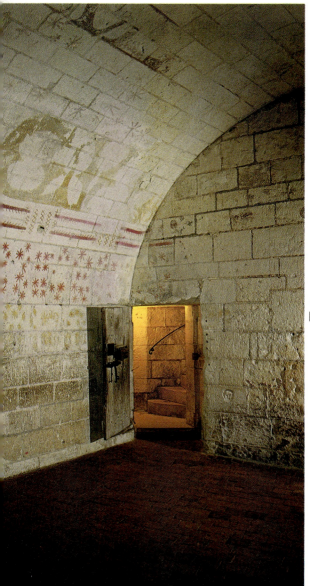

ses unter Karl VIII. und Ludwig XII. errichtete Lustschloß ist endlich frei von jeglichem Befestigungswerk und zeigt die sanften Linien der Renaissance, vor allem in dem schönen Betzimmer der Anna von Bretagne.

Im „Vieux Logis" des Schlosses von Loches, in dem die Kopie des Protokolls des Prozesses der Jeanne d'Arc sowie eine Tapisserie aus dem 16. Jh., die Musica, *ausgestellt sind (1). Ein weiterer Saal (2). Der Verhörraum im Runden Turm (3). Der Kerker Lodovico Sforzas, eines Gefangenen Ludwigs XII., im Martelet (4). Der Bergfried (5). Eine weitere Statue am Eingang zum Logis (6).*

Chenonceau

Wenn sich der historische Zufall und ein sicherer Frauengeschmack zusammentun, kann aus einem mühlenähnlichen Kastell ein prächtiges steinernes Schiff werden, das am Ufer des Cher vor Anker liegt. Damit das Schloß von Chenonceau erstehen konnte, das in den Augen der ganzen Welt für alle Loireschlösser steht, mußte zunächst mit aller kriegerischen Vergangenheit reiner Tisch gemacht werden.

Nachdem es ihm 1512 gelungen war, die früheren Schloßherren zu verdrängen, ließ Thomas Bohier, Schatzkämmerer unter drei Königen, die Festung dem Erdboden gleichmachen und verschonte nur den runden Bergfried auf der heutigen Terrasse, der als Wohnturm eingerichtet wurde. Seine Frau, Catherine Brissonnet, leitete den Bau des Hauptgebäudes, das wie in der frühen Renaissance üblich eine gotische Struktur mit rein italienischer Ornamentik verbindet. Doch konnten sich weder die Eheleute noch ihre Erben lange daran erfreuen, da die Krone das Schloß zum Ausgleich von Bohiers Steuerschulden konfiszierte.

Anläßlich seiner Inthronisation im Jahre 1547 machte Heinrich II. der Diana von Poitiers Chenonceau zum Geschenk. Sie ließ stromaufwärts einen herrlichen Garten anlegen und hatte den Einfall, eine Brücke über den Cher schlagen zu lassen. Von ihrer Rivalin Katharina von Medici verjagt, mußte sie das Schloß verlassen, worauf die Regentin das Werk vollendete, indem sie zu der Anlage weitläufige Nebengebäude, einen neuen Garten und nicht zuletzt die Galerie über der Brücke hinzufügen ließ, die das Schloß so einzigartig macht.

◁ 1

2 △

Über den Wassern des Cher verbindet sich die klassizistische Nüchternheit der Pläne Philibert Delormes auf sehr harmonische Weise mit dem älteren Hauptgebäude. Katharina von Medici fand hier einen ihrer Persönlichkeit entsprechenden Rahmen. Die Feste jagten einander, ihre Vorliebe für prunkvolle Extravaganzen erinnerte fast an das dekadente Rom. Die untröstliche junge Witwe Heinrichs III., die „Dame in Weiß" genannt, ließ das Schloß mit schwarzem Samt auslegen. Vorübergehend aufgegeben fand Chenonceau im Besitz der Ahnin von George Sand, Madame Dupin, zu neuem Glanz. In ihrem berühmten literarischen Salon empfing sie Jean-Jacques Rousseau und andere Geister.

Die zweigeschossige Galerie des Schlosses von Chenonceau über dem Cher (1) und das angrenzende Hauptgebäude (2). Der Bergfried und die Gärten der Diana von Poitiers (3).

3 ▽

Zwei Ansichten von Chenonceau: von der von Gräben umgebenen Terrasse (1) und von den Gärten der Katharina von Medici aus (3). Das Eingangsportal (2). Der Brunnen auf der Terrasse vor dem Marques-Turm (4). Das Kanzlei-Gebäude (5). Das Vendôme-Zimmer (6).

5
▷

6
▷

1 △

2 ◁

3 ▽

Chenonceau. Das „Zimmer der fünf Königinnen" (1) und das Grüne Kabinett der Katharina von Medici im Erdgeschoß der Galerie (2). Das Gemach von Gabrielle d'Estrées (4) im ersten Stock. Zwei der Galerien, in denen Tapisserien aus dem 16. und 17. Jh. ausgestellt sind (5 und 8). Der Salamander, Wappentier Franz' I. (3), das Zeichen Heinrichs II. und der Katharina von Medici (6) mit dem Wappen von Thomas Bohier, dem Erbauer des Schlosses (7). Folgende Seiten: das Schloß über dem Cher.

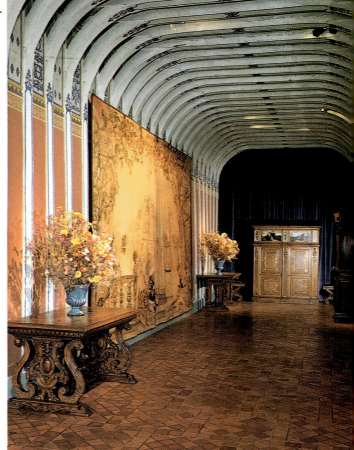

Amboise

Von dem Felsvorsprung, auf dem sich das Schloß von Amboise erhebt, blickt man hinab auf die Loireinsel „Ile d'Or", eine der ältesten Übergänge über den Fluß. Doch erklärt dies nur unzureichend den großen Aufschwung, den der Ort nahm. Das von jeher befestigte Amboise wurde seiner Grafen ledig, als Karl VII. ihnen 1431 seine Gunst entzog. Er begnügte sich damit, die Mauern in Stand zu setzen; erst sein Sohn Ludwig XI. wählte das Schloß als Residenz für seine Königin, deren Wohntrakt leider im vergangenen Jahrhundert zerstört wurde.

Erst als der Dauphin als Karl VIII. den Thron bestieg, wurde Amboise zum Juwel des Königreiches. Die umfangreichen Arbeiten begannen 1492 und gingen schnell voran: Nachts arbeitete man im Schein von Fackeln, im Winter wurden die Steine vorgewärmt, damit der Mörtel hielt. Doch bereute der König seine Überstürzung, als er in Italien Krieg führte und dort genau den verfeinerten Lebensstil fand, von der er träumte. So kehrte er nicht nur mit reicher Beute, sondern auch mit einer Schar von Handwerkern und Künstlern nach Frankreich zurück, wo nun der italienische Einfluß das Ende des Mittelalters einläutete. Fra Giocondo und Boccador gestalteten die Königlichen Gemächer; der berühmte Gartenarchitekt Pacello legte Ziergärten an.

Anna von Bretagne hielt prächtig Hof, bis plötzlich 1498 eine zu niedrige Tür alles auf tragische Weise in Frage stellte: Man kennt das Schicksal Karls VIII., der sich, obgleich von kleiner Statur, heftig den Kopf an einem Türsturz stieß und an den Folgen dieses Unfalls starb. Anna von Bretagne sah sich gezwungen, seinen Nachfolger Ludwig XII. zu

Das Schloß von Amboise beherrscht die Stadt und die Loire (1 und 5). Der Renaissance-Flügel (2 und 3). Ausschnitt des Daches des gotischen Flügels am „Logis du Roi" (4). Folgende Seiten: der Gardesaal und ein prächtiger Kamin.

1 △

2 △   3 ▽

4 △

5 ▽

heiraten und ihm nach Blois zu folgen. Ohne große Begeisterung ließ der neue König in Amboise einen weiteren Flügel errichten. Franz I., der hier seine Kindheit verbracht hat, ließ diesen vollenden, und die drei Jahre, die der junge König in Amboise nach seiner Inthronisierung verlebte, waren die Glanzzeit des Schlosses.

Mit der Ankunft Leonardo da Vincis wurde der italienische Einfluß zunehmend stärker, prunkvolle Feste stellten alles bisher Dagewesene in den Schatten. Franz I., der ebenso vom Kampfspiel wie von der Kunst begeistert war, machte seinem Namen als Jäger alle Ehre, als er mit einem Schwerthieb einen rasenden Eber niederstreckte, der in das Schloß eingebrochen war und dessen Bewohner in Panik versetzt hatte. Die Gebäude umschließen einen Innenhof, der einen idealen Rahmen für Festlichkeiten abgab. Ritter und Equipagen erreichten die Schloßräume direkt über die gewundenen Rampen in den beiden mächtigen Türmen. Kaiser Karl V., der einer Einladung Franz I. folgte, behielt den Minimes-Turm in schlechter Erinnerung, weil die Fackel einer Wache die Tapisserien im Turm in Brand steckte und der Kaiser fast im Rauch erstickt wäre.

Nach 1526 wandte sich der König von Amboise ab. Nur selten kam der Hof noch hierher. Unter Franz II. wurde das Schloß Schauplatz einer Tragödie: Zur Vergeltung der „Verschwörung von Amboise" ließ der König auf grausame Weise die Protestanten hinrichten, deren Komplott aufgedeckt worden war, und wohnte dem entsetzli-

Amboise. Der gemeißelte Türsturz über dem Portal der Saint-Hubert-Kapelle (1). Tapisserien aus Oudenaarde (2 und 3). Das Gemach der Katharina von Medici (4). Gedenktafel für Leonardo da Vinci in der Kapelle (5).

Amboise. Das Innere der Saint-Hubert-Kapelle, in der Leonardo da Vinci begraben liegt (1). Der Eingang (2) und das gotische Spitztürmchen (3). Folgende Seiten: die Schloßgebäude und die Terrasse.

chen Schauspiel in Begleitung seiner jungen Frau Maria Stuart und seiner Mutter Katharina von Medici bei. Der „Balkon der Verschwörer" erinnert noch heute an jene unglücklichen bretonischen Edelmänner. Dies war das Ende einer glanzvollen Geschichte. Amboise ging in den Besitz des ewigen Rebellen Gaston d'Orléans über, zuletzt schleiften die Königstruppen sogar die Befestigungen. Die Krone benutzte später das Gebäude als Gefängnis, und Napoleon ließ einen Großteil einfach abreißen. Der schönste Abschnitt, die Königlichen Wohngemächer und die Kapelle Saint-Hubert sowie die Betkapelle der Königin, in der Leonardo da Vinci begraben liegt, blieb erhalten. Die kostbaren Bauten wurden nach den Bombenangriffen des Zweiten Weltkrieges sorgfältig restauriert.

1 △

2 ▽

Clos-Lucé

Leonardo da Vinci verbrachte die vier letzten Jahre seines Lebens in dem reizenden Herrenhaus Clos-Lucé, in allernächster Nähe zu seinem königlichen Freund Franz I. Vor ihm hatte hier Margarete von Navarra, die geliebte Schwester des Herrschers, gewohnt. In einem der Gemächer des ersten Stokkes wurde Franz I. Zeuge des letzten Seufzers jenes genialen Geistes, der glaubte, endlich den „Schöpfer so vieler herrlicher Dinge" entdeckt zu haben - eine Bezeichnung, die man versucht ist, auf ihn selbst anzuwenden, wenn man die Säle besichtigt, in denen zahlreiche nach seinen Ideen gebaute Maschinen ausgestellt sind.

Das Herrenhaus Clos-Lucé und seine Gärten (1 und 2). Das Zimmer Leonardo da Vincis (3) und die Küchenräume (4).

Plessis-lès-Tours

Das schlichte Backsteingebäude von Plessis-lès-Tours erinnert kaum mehr an das Schloß, in dem Ludwig XI. häufig weilte. Doch das Zimmer, in dem er 1483 starb, weist noch immer das damals übliche Holztafelwerk auf. Auch steht hier ein Seidemuseum dem Besucher offen, das daran erinnert, daß der König einen Teil der Seidenfabrikation von Lyon nach Tours verlegt hat.

Das Schloß von Luynes (1) und seine mittelalterliche Fassade (3). Plessis-lès Tours (2) und das Sterbezimmer Ludwigs XI. (4).

3 △

4 ▽

Luynes

Etwas weiter westlich der Hauptstadt der Touraine steht inmitten von Weinbergen das Schloß von Luynes auf den Grundmauern eines antiken Kastells, dessen Aquädukt noch teilweise erhalten ist. Die erste Baronie der Touraine unter den Maillé wurde im 17. Jh. in die Herzogswürde erhoben, als der Konnetabel von Luynes das Schloß erwarb und ihm seinen Namen gab. Die wehrhafte Burg aus dem Mittelalter mit ihren runden Türmen und den zahlreichen Fenstern ist seitdem im Besitz dieser Familie und ist seit Jahrhunderten treuer Beschützer der Region geblieben.

Villandry

Das ab 1532 durch Jean le Breton, einem Staatssekretär von Franz I., erbaute Villandry ist das letzte der großen Renaissance-Schlösser am Ufer der Loire und stellt einen interessanten Abschnitt in der Entwicklung ihrer Architektur dar. Die Anlage umfaßt auch frühere Gebäude, den Bergfried aus dem 14. Jh. und die Fassade des hinteren Flügels. Der von drei Wohntrakten eingerahmte Ehrenhof ist zum Tal hin, das sich Cher und Loire teilen, offen und hat im Stil der damaligen Zeit große Dachfenster, Arkadengalerien und Giebelkonturen. Die Zierelemente lassen bereits den Klassizismus vorausahnen.

Doch verdankt Villandry seine Berühmtheit einer anderen Sparte der Architektur, nämlich der seiner Gartenanlagen, die auf einzigartige Weise Ästhetik und Nutzen miteinander verbinden. Die von italienischen Gärtnern des 16. Jh. erdachte herrliche Anlage mit Kanälen, Springbrunnen und Fontänen wurde nach 1906 liebevoll rekonstruiert. Vorher hatte sich hier ein etwas deplacierter englischer Park erstreckt. Hier sollte man sich einmal von Mauern und Schieferdächern ab- und der Natur zuwenden.

Die von Hecken durchzogenen Gärten erstrecken sich über drei Ebenen. Auf der höchsten liegt der von Lindenalleen begrenzte Wassergarten; die gestutzten Eiben und Buchsbaumhecken hinter dem Schloß sind ganz im französischen Stil gehal-

Villandry. Ansicht des Schlosses (1). Der Ehrenhof (2). Die Terrassengärten (3).

1 △

2 ▽

3 ▽

4 △

5 △   6 ▽

ten und symbolisieren die verschiedenen Spielarten der Liebe.

Lauben, Weinreben und Spaliere erinnern daran, daß ein Garten auch einen Nutzeffekt haben kann, was der tiefer liegende Gemüsegarten noch deutlicher beweist. Die geometrisch angelegten und von Buchsbaum gerahmten Beete bilden eine edle Zierde aus gewöhnlichem Gemüse. Nahe der alten romanischen Dorfkirche liegen Beete mit Heilkräutern und auf der Anhöhe über dem Besitz die „Obstkrone der Renaissance", ein nach den Plänen von Androuet Du Cerceau gestalteter Obstgarten.

Villandry. Der Gemüsegarten (1 und 4) und der quadratische Bergfried (2). Der Ziergarten (3). Die Gemäldegalerie (5) und der Speisesaal (6) im Schloßinneren.

Azay-le-Rideau

„Ce Chasteau est un des beaulx, des gentils, des mignons, des mieulx élabourez chasteaux de la mignonne Tourayne..." So sprach nicht Rabelais von Azay-le-Rideau, sondern der in das Schloß am Ufer des Indre verliebte Balzac. Und in der Tat ist Azay-le-Rideau ein sehr „weibliches" Schloß. Es ist von eher bescheidenen Ausmaßen, spiegelt jedoch den großzügigen Charme der jungen Frau wieder, die seinen Bau um 1520 leitete.

Wie Catherine Briçonnet in Chenonceau war auch Philippine Lesbahy die Frau eines königlichen Schatzmeisters, Berthelot, den stets dringende Geschäfte von der Überwachung des Schloßbaus abhielten. So war sie die Bauherrin dieses Gebäudes, dessen mittelalterliche Wehrhaftigkeit nur noch dekorativ gemeint war. Die Türm-

Schloß von Azay-le-Rideau (1) mit seinen breiten Gräben (2 u. 3).

chen mit ihren steilen Schieferdächern sind statt mit Schießscharten mit großen Fensteröffnungen versehen, die Pechnasen sind nur noch Zierde, und die Burggräben sind friedliche Wasserflächen, in denen sich die von Blois inspirierten Strukturen spiegeln. Noch deutlicher brechen die Wohnräume mit der Vergangenheit; sie sind weit und offen, und blicken auf einen Wasserlauf in einer grünen Landschaft — alles in allem Ausdruck der Lebensfreude. Es gibt hier keine unbequemen Wendeltreppen mehr, sondern eine Ehrentreppe mit geraden Aufgängen, einer kühnen Neuheit, überwölbt von einem Flachbogen mit Kassettendecke. Am Schnittpunkt der Rippen lenken elegante Schlußsteine die Aufmerksamkeit des Betrachters auf die Medaillons, die jede Vertiefung verzieren. An der Treppe entlang verläuft ein Fries mit Rankenornamenten, die italienische Motive wie Muscheln, Vasen, Amoretten, Füllhörner, Greife und Satyre zeigen.

Das Schicksal von Azay-le-Rideau deckt sich auch dahingehend mit dem von Chenonceau, daß der König, nachdem er Semblançay hatte hängen lassen, die Bücher der anderen Finanzmänner einer Kontrolle unterwarf: Die Bohiers mußten dem König ihr Schloß abtreten, die Berthelots zogen die Flucht und den Tod im Exil vor.

Über die weitere Geschichte des Schlosses ist nur wenig bekannt. Nur eine Episode aus dem Krieg von 1870 ist überliefert. Der Feldmarschall der zweiten deutschen Armee, Prinz Friedrich Karl von Preußen, war mit einer Gesellschaft zu einem Festessen im großen Speisesaal versammelt, als der Kronleuchter sich von der Decke löste und krachend vor ihm auf den Tisch fiel. Der Prinz vermutete ein Attentat, ließ im Dorf Geiseln nehmen und war nur schwer davon abzubringen, sie erschießen zu lassen.

Azay-le-Rideau. Der große Giebel des Hauptgebäudes (1) mit der Ehrentreppe (3). Das Gelbe Zimmer (2) und das Bett von Pierre de Filley de la Barre (4).

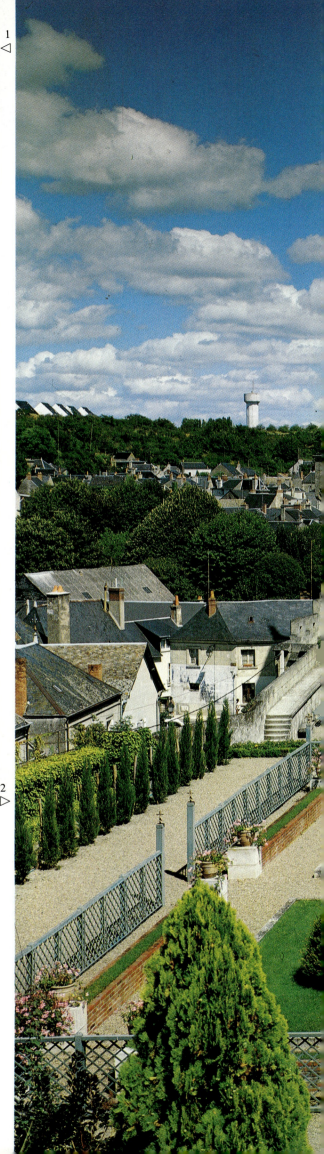

Langeais

Der unerbittliche „Schwarze Falke" Foulques Nerra hat in Langeais, wie an vielen anderen Orten, seine Spuren hinterlassen, indem er im Jahre 944 einen viereckigen Bergfried auf einem von den Karolingern ererbten Stück Land errichten ließ, dessen Ruinen heute die ältesten in Frankreich sind. Am anderen Ende der felsigen Anhöhe über der Stadt erhebt sich das von außen abweisend wehrhafte Schloß Ludwigs XI. Zwischen beiden Gebäuden erstreckt sich eine schöne Gartenanlage. Die Fassade im Innenhof der Festung erinnert an einen etwas strengen Herrensitz. Obwohl ein keineswegs heiterer Bau, ist das Schloß von Langeais überaus interessant, denn es entstand ab 1465 innerhalb von nur vier Jahren und wurde seitdem nicht mehr verändert. Es ist außerdem vollständig im Stil der Epoche eingerichtet und vermittelt einen sehr guten Eindruck vom Leben der Schloßherren und ihres Gefolges im 15. Jahrhundert.

Ludwig XI. befürchtete, die Herzöge der Bretagne könnten erneut gegen die Krone Frankreichs aufziehen und in das Loiretal einfallen und gab daher seinem Berater Jean Bourré den Auftrag, den alten Brückenkopf von Langeais neu befestigen zu lassen, der bereits Schauplatz so mancher Schlacht gewesen war, als die Grafen von Anjou an der Seite Englands kämpften. Das Problem wurde erst zwan-

Der befestigte Eingang mit Zugbrücke (1) von Schloß Langeais (2).

zig Jahre später auf sozusagen diplomatische Weise gelöst, als Karl VIII., Sohn Ludwigs XI., Anna von Bretagne zur Frau nahm und sie in Langeais Hochzeit hielten.

Von der Stadt aus betrachtet stellt die beeindruckende Masse grauer Quader das perfekte Bild der Festung dar: Der mächtige Bergfried diente auch als Kaserne, vor der Zugbrücke, wo heute eine Straße verläuft, öffneten sich tiefe Burggräben. Der Wohntrakt selbst wird von starken Türmen flankiert, während in der Höhe ein Wehrgang über Pechnasen das ganze Bauwerk umrundet. Auf der Hofseite sind die Wehranlagen verschwunden, ohne daß jedoch irgendein Schmuckwerk sie ersetzt hätte, und die Strenge des dunklen Mauerwerks erinnert mehr an die Bretagne als an das Loiretal. Doch muß gerade dies das Gefallen Ludwigs XI. gefunden haben, der sich nur mit den einfachsten Dingen umgab und Amboise (und die Königin) verließ und gegen das kleine Schloß von Plessis-lès-Tours eintauschte. Erst ein Gang durch die Gemächer läßt den Besucher in den wunderschönen flämischen Tapisserien und dem etwas feierlich steifen Mobiliar die Lebensart der Touraine des 15. Jahrhunderts wiederfinden.

Langeais. Die Ruinen des Bergfrieds von Foulques Nerra (1) gegenüber dem Schloß (2). Das Blaue Zimmer (3).

1 △

2 ▽

3 ▽

Langeais. In diesem Schlafgemach steht eines der ersten Himmelbetten (1). Tapisserien aus dem 15. Jh. (2). Ein Gemälde von Luini und eine Truhe im Stil der italienischen Renaissance (3). Die Tapisserie „der tausend Blumen" im Blauen Zimmer (4). Der Speisesaal (5).

Ussé

Angesichts der unzähligen Dächer, die zwischen dem Indre und dem Wald von Chinon in den Himmel streben, bedauern Puristen oft, daß das Schloß von Ussé im 18. Jh. so vollständig restauriert worden ist. Die romantischen Seelen dagegen begrüßen es, denn sie sehen in ihm, nach Charles Perrault, den idealen Rahmen des Dornröschen-Märchens. Wie dem auch sei, auch die anspruchsvollsten Besucher werden spätestens im Park mit seiner riesigen Zeder durch die Stiftskapelle befriedigt, deren Portal in Form eines Triumphbogens ein Kleinod der Renaissance darstellt.

An dieser strategisch wichtigen Stelle haben schon seit sehr langer Zeit Festungen gestanden; die heutigen Außenmauern wurden im 15. Jh. errichtet und können trotz des weißen Steins, der Dacherker und der großen Fenster in den Türmen ihre militärische Funktion nicht verbergen. Die Pechnasen wie auch der Wehrgang dienten tatsächlich Verteidigungszwecken. Um diese unwirtliche Behausung dem Zeitgeschmack anzupassen, zögerte einer der vielen Eigentümer von Ussé

Das Schloß von Ussé erhebt sich über der Indre (1). Die zahlreichen Glockentürmchen überragen den Park mit seiner Kapelle und beherrschen die Terrassengärten (2). Folgende Seiten: der Ehrenhof.

nicht, im 17. Jh. den Nordflügel abzureißen, um den Blick auf die verlaufenden Täler des Indre und der Loire freizugeben. So machte er aus einem dunklen Innenhof einen herrschaftlichen Eingang, dessen Rahmen drei Flügel bilden, die miteinander in ihrer Schönheit rivalisieren. Der linke ist im gotischen Stil gehalten, der rechte ganz Renaissance und der dritte klassizistisch. Gleichzeitig wurde an der Stelle des zerstörten Flügels gegenüber der Kapelle ein klassizistischer Pavillon hinzugefügt.

Wenn hier auch tapfere Ritter und edle Frauen lebten, so fehlen doch bekannte Namen in der Schloßgeschichte, die daher keine Anekdote über die Großen dieser Welt zu erzählen weiß. Trotzdem besitzt auch Ussé das traditionelle Königsgemach (aus dem 18. Jh.) sowie interessante Stücke aus dem vergangenen Jahrhundert, eine sehenswerte Deckenmalerei und eine große Treppe. Beeindruckend sind die Küchenräume. Die Galerie im Erdgeschoß ist mit flämischen Tapisserien ausgehängt, ähnlich dem Aubusson, der in der Kapelle das Leben der Jungfrau von Orléans darstellt.

Ussé. Die mit flämischen Tapisserien geschmückte Galerie im Erdgeschoß (1). Ein florentinischer Sekretär aus dem 16. Jh. (2).

Chinon

Chinon war in gallo-römischer Zeit ein befestigter Platz, Festung unter den Grafen von Blois, fiel im 11. Jh. in den Besitz der Grafen von Anjou und wurde, als Heinrich II. Plantagenet König von England war, zum Symbol des Zwistes zweier feindlicher Nationen. Über den Schieferdächern der Altstadt spiegeln sich in der Vienne die langgestreckten Mauern, von Pflanzen überwuchert und weitgehend zerfallen, als hätten sie unter dem Gewicht der Geschichte nachgegeben.

Heinrich II. weilte gerne in Chinon und war der Erbauer des größten Teils des dreifachen Schlosses, insbesondere des Fort Saint-Georges, das seinen Namen einer dem Schutzpatron Englands geweihten Kapelle verdankt. Auf einer Seite vom Fluß und auf der anderen von abschüssigem Gelände geschützt, war die Festung nur an ihren Schmalseiten verwundbar. Nach dem Schloß von Coudray im Westen ließ Heinrich II. dieses Fort anlegen, wobei er beide von dem Mittleren Schloß jeweils durch tiefe Gräben trennte. Das heute abgetragene Fort erlebte 1189 die letzten Tage des Königs und den Niedergang eines Zeitalters. Sein Sohn verlor alle, unter Philipp II., August, seine französischen Besitzungen und ging unter dem Namen Johann ohne Land in die Geschichte ein.

Chinon wurde Besitz der französischen Krone, deren Größe jedoch bald gefährlich schrumpfte, und Karl VII., der sich in das Schloß flüchtete, konnte sich nur noch „König von Bourges" nennen. Da trat 1429 plötzlich die Jungfrau von Orléans auf; in den Königsgemächern des Mittleren Schlosses finden sich noch die Reste des Saals, in dem sie den unter seinen Untertanen versteckten Herrscher erkannte und ihn davon überzeugte, den Kampf gegen die Engländer fortzusetzen.

Rabelais wurde kurze Zeit später in Chinon geboren; seine Kindheitsjahre in der Stadt waren gleichzeitig die letzte Glanzzeit des Schlosses, das schließlich, vom Königshaus aufgegeben, wie so viele andere in die Hände Richelieus fiel. Durch alle Zeitläufte schlug die Glocke „Marie-Javelle" seit dem 14. Jahrhundert die Stunde vom Uhrturm – und tut dies auch heute noch.

Blick auf Schloß Chinon von der Vienne aus (1) und seine Nordseite (2). Der Uhrturm (3). Die Ruinen des königlichen Wohntraktes (4). Folgende Seiten: Blick auf das Schloß von der Feste Coudray aus.

Montreuil-Bellay

Foulques Nerras Gefährte Le Berlay, dem der „Schwarze Falke" die Burg von Montreuil — daher der Name der Stadt — überlassen hatte, machte sie zu seinem uneinnehmbaren Schlupfwinkel. Die ebenso rachsüchtigen wie streitlustigen Mitglieder dieser Familie, aus der im 16. Jh. der Dichter Joachim du Bellay hervorging, zogen das Unheil geradezu auf sich. Nach mehr als einjähriger Belagerung ausgehungert mußten die Berlay mitansehen, wie Graf Gottfried von Anjou ihren Bergfried dem Erdboden gleichmachen ließ. Das hinderte sie jedoch nicht daran, später auf Seiten der Engländer gegen den König von Frankreich vorzugehen, worauf sie Philipp II. August zur Vernunft brachte, indem er die Festung nach langwieriger Belagerung schleifen ließ.

Obgleich seine Mauer und die Türme erhalten blieben, war Montreuil-Bellay seiner Wehrhaftigkeit beraubt. In den folgenden Jahrhunderten wurde es zur Residenz der Herren von Melun-Tancarville und später der Harcourt. Die zum Thouet hin abfallenden Gärten unterstreichen diese neue Bestimmung des Schlosses.

1 △   2 ▽   3 △

Schloß Montreuil-Bellay. Zwei Dekorationsmotive des befestigten Teils (1 und 2). Die Mauern und Gräben (3). Das Neue Schloß (4) und der Wohntrakt der Domherren im Kleinen Schloß (5).

4 ▽ 5 ▽

Das zur Stadtseite hin noch durch eine Barbakane und Gräben befestigte Montreuil-Bellay zeigt heute sein wahres Gesicht erst, wenn man die Brücke und die Vorburg aus dem 13. Jh. hinter sich gelassen hat. Die 200 Jahre später errichtete Schloßkapelle verfügt über eine eigene Brücke und bildet mit ihren kraftvollen Linien ein herrliches Pendant zum Neuen Schloß gegenüber. Flankiert von zwei Rundtürmen aus dem 12. Jh. stellt dieses ein Kleinod gotischer Baukunst dar. Der dritte Turm mit seinen sechs Fenstern und falschen, reich verzierten Balustraden wurde durch die Herzogin von Longueville bekannt — sie ritt die Treppe im Inneren zu Pferde hinauf! Die von Ludwig XIV. verbannte unverbesserliche Rebellin führte großes Haus in Montreuil-Bellay, wie es das prächtige Mobiliar aus dieser Zeit bezeugt. Etwas Besonderes ist zweifelsohne die gemalte Partitur an der Decke der Betkapelle, deren Melodie, eine Motette aus dem 15. Jh., bei der Besichtigung erklingt.

Bescheiden und ein wenig im Schatten seines prächtigen Nachbarn ist das Kleine Schloß doch bei genauerem Hinsehen sehr originell. In einem Flügel liegt die Küche mit zentralem Kamin, in der vier Arkaden eine achteckige Pyramide stützen, deren offene Spitze als Rauchabzug dient. Der zweite Flügel bildet den Wohntrakt der Domherren und ist von ungewöhnlicher Bauart: Jeder der vier Türme dient als getrennter Zugang zu den Wohnräumen und dem Keller eines Schloßherren. Man sollte es sich nicht nehmen lassen, die herrlichen gotischen Kellergewölbe des Schlosses zu besuchen, deren Kelter zu Beginn des Jahrhunderts noch in Betrieb war. Liebliches Anjou ...

Montreuil-Bellay. Mit Wappen verzierte Gewölbe (1). Die gotische Schloßküche (2), der Speisesaal (5) und der Salon (8). Groteske Figuren an den Balken (3, 4, 6 und 7).

Montsoreau

Der Name von Montsoreau ist untrennbar mit dem der berühmten Dame verbunden, doch spielen in der Geschichte des Ortes sogar mehrere Damen eine Rolle — die bekannteste verewigte Dumas der Ältere sogar in einem Roman. Doch stand die Realität der Fiktion in nichts nach! Da war zunächst Nicole de Chambes, die Geliebte des Herzogs von Berry und Anstifterin eines Bündnisses gegen den König im Jahre 1472. Ein Jahrhundert später war ein de Chambes einer der schlimmsten Schlächter beim Massaker in der Bartholomäusnacht; er wurde ermordet und hinterließ sein Schloß... und seine Verlobte seinem Bruder (ebenjene Francoise de Meridor, die Dumas literarische verewigt hat). Unbeständig wie sie war vernarrte sie sich in Bussy d'Amboise, den Gouverneur der Provinz Anjou. Als ihr Mann dies erfuhr, zwang er sie, diesem eine Falle zu stellen. Bussy wurde erschossen, und die versöhnten Eheleute verlebten noch vierzig glückliche Jahre miteinander.

Schloß Montsoreau bietet einen schönen Blick auf die Loire (1). Das sogenannte Haus der Dame von Montsoreau; sein größter Raum weist einen Kamin aus dem 16. Jh. auf (2 und 3). Das Schloß von Saumur beherrscht das Tal (4).

Saumur

Das besondere an Saumur ist, daß die Burg im Gegensatz zu vielen anderen ursprünglich ein Lustschloß war, das nachträglich befestigt wurde. Natürlich hatte sein Standort an der Loire schon früh militärischen Zwecken gedient, doch das heutige Schloß wurde erst in der zweiten Hälfte des 14. Jh. von den Herzögen von Anjou erbaut.

Die Miniatur aus dem *Stundenbuch des Herzogs von Berry* zeigt die edlen Dinge, die Saumur den Fürsten Ludwig I. und Ludwig II. verdankte: Die Zinnen, Glockentürmchen und Wetterfahnen dieser glorreichen Epoche sind von den Dächern verschwunden, denn Saumur blieb nicht lange das vom guten König René, dem letzten Herzog von Anjou, besungene „Schloß der Liebe".

Heinrich III. übergab die Stadt, die sich am Ende des 16. Jh. zu einer Hochburg der Reformation entwickelt hatte, an den König von Navarra. Der spätere Heinrich IV. vertraute das Amt des Gouverneurs von Saumur dem getreuen Duplessis-Mornay an. Dieser überzeugte Calvinist, der gleichzeitig Soldat und Gelehrter war, ließ nicht nur die Befestigungen des Schlosses durch den sternförmigen Unterbau verstärken, sondern gründete auch eine theologische Akademie. Die Stadt wurde schnell zu einem zweiten Genf, und selbst heute hat Saumur noch nicht zu seiner damaligen Größe zurückgefunden. Die Widerrufung des Ediktes von Nantes wurde dem Ort zum Verhängnis. Das Schloß, das bislang als Gouverneurssitz gedient hatte, wurde nun zum Gefängnis für Salzschmuggler, in dem auch Fouquet eine Zeitlang einsaß; er hatte die Ungeschicktheit besessen, durch sein Vermögen den Neid Ludwigs XIV. zu wecken.

Der Südostflügel, in dem sich noch sein Kerker befindet, erinnert an diese erniedrigende Funktion des Schlosses, zumal diese unter dem Empire fortdauerte. Zuvor war der gegenüberliegende Flügel für die Anlage einer Terrasse abgerissen worden, von der aus man zwar einen schönen Blick genießt, die aber der baulichen Einheitlichkeit abträglich ist. Im vergangenen Jahrhundert wurde das Schloß restauriert, und die darin untergebrachte Kaserne machte zwei interessanten Museen Platz. Das Kunstgewerbemuseum zeigt Werke aus verschiedenen Epochen, während das Pferde-Museum Saumurs alte Tradition der Reitkunst illustriert. Der Bruder des Königs im Jahre 1763 gründete hier die französische Kavallerieschule, deren „Cadre Noir" noch heute die Hohe Schule verkörpert.

Saumur. Der Innenhof des Schlosses (1) mit den gemeißelten Balustraden der Fenster (2). Der befestigte Eingang (3) und das Ziehwerk des Brunnens im mittleren Hof (5). Im Innern des Schlosses ist ein Kunstgewerbemuseum eingerichtet (4).

Le Pont-de-Varenne

Etwas nördlich von Doué-la-Fontaine liegt der Herrensitz Pont-de-Varenne. Ein Nebenfluß des Layon speist seine Gräben, doch nur ein runder Turm erinnert noch an die Zeit, als sie die Anlage vor Angreifern schützen sollten. Pont de Varenne wurde im Laufe der Jahrhunderte teils zerstört und teils umgebaut; heute zeigt es vor allem noch einen schönen frühgotischen Giebel.

Montgeoffroy

Drei lange baumbestandene Alleen führen zu diesem äußerst eleganten Bauwerk, das 1772 für den Marschall de Contades errichtet wurde. Nichts hat sich seitdem verändert, denn Montgeoffroy wird noch heute von derselben Familie bewohnt. Der Architekt Nicolas Barré hat das alte Gebäude aus dem 16. Jh. geschickt miteinbezogen. Seine beiden runden Türme und die Kapelle begrenzen die Seitenflügel des imposanten Haupttraktes mit seinem Schiefergedeckten Dach. In den Gemächern herrscht noch der ursprüngliche erlesene Geschmack, wie die Meisterwerke der Tischlerkunst, der Malerei und der Tapisserei belegen. Die Kapelle weist unter anderem ein schönes Fenster mit einer Anbetung der Hirten und der Heiligen Drei Könige auf.

Die Südseite des Herrensitzes Pont-de-Varenne aus dem 15. und 16. Jh. (1). Das Schloß von Montgeoffroy (3) mit seinen Küchenräumen (2).

1 △

2 ▽

Brissac

„Ein neues halbvollendetes in einem alten halbzerstörten Schloß" — so beschreibt der gegenwärtige Herzog von Brissac das beeindruckende Bauwerk, das seine Familie seit fast einem halben Jahrtausend bewohnt. Die ungewöhnliche Zusammensetzung der einzelnen Teile des Schlosses läßt in der Tat seine unvollendete Geschichte erahnen. Über Grundmauern, die auf Foulques Nerra zurückgehen, ließ Pierre de Brézé im 15. Jh. ein enormes Feudalschloß errichten, das René de Cossé, Herzog von Brissac, später aufkaufte. Dessen Enkel Charles, einer der vier Marschälle, die der Familie entstammen, begann um 1600 mit dem kühnen Bau eines sieben Stockwerke hohen Wohntraktes. Sein Tod setzt den Arbeiten bei der vierten Etage ein Ende. Noch waren die Überreste des Schlosses aus der Feudalzeit nicht abgebrochen, was die merkwürdige Anordnung der beiden mächtigen runden Türme erklärt.

Die Herzöge von Brissac bemühten sich seither um die Erhaltung des Geistes dieser Residenz, die hundertfünfzig Räume mit edlem Mobiliar und Decken im französischen Stil sowie großzügige Treppen und monumentale Kamine umfaßt. Auch das Innendekor ist bemerkenswert: Tapisserien aus Flandern und Brüssel, Gobelins, Kronleuchter aus venezianischem Kristall, Sammlungen von Porzellan und Silbergeschirr und eine Gemäldegalerie.

Die im 17. Jh. wiederaufgebaute Fassade des Schlosses von Brissac-Quincé (1) und eine Gesamtansicht des Schlosses mit dem runden Turm, dem einzigen Überrest aus dem Mittelalter (2). Die Kapelle (3). Eines der mit Tapisserien ausgespannten Gemächer mit Deckenornamenten aus dem 17. Jh. (4). Ein besonders schönes Wappen (5).

Angers

Viele nimmt es Wunder, daß die schöne Stadt Angers sich nicht die nahegelegenen Ufer der Loire, sondern die der Maine als Standort wählte. Nach Auseinandersetzungen mit den Römern und den Normannen setzte sich die Stadt dank der Grafen von Anjou, von Foulques dem Guten im 10. Jh. bis zu König René, sehr bald durch: Viele Männer dieses Geschlechts waren gefürchtete Krieger, doch förderten sie auch den Geist, wie es die berühmte Universität, die sie in Angers gründeten, und die Unterstützung, die sie der Kunst zukommen liessen, beweisen.

Im Jahre 1246 erhob König Ludwig der Heilige das Anjou zur Grafschaft, übertrug es als Apanage seinem jüngeren Bruder Karl und ließ für ihn die finstere Burg mit den siebzehn gestreiften Türmen bauen. Man liebte damals den Prunk, der außergewöhnliche Apokalypse-Gobelin symbolisiert dies. Herzog Ludwig von Anjou gab diese wundervolle Komposition bei Nicolas Bataille in Auftrag, der sie nach der Kartonvorlage des Hofmalers Karls V. ausführte. König René überließ das monumentale Kunstwerk, das sich über 168 Meter ausbreitet, dem Bistum. Es wurde als wertloses Gut verkauft und als Sackleinen verwandt, so daß von dem ältesten erhaltenen französischen Wandteppich nur Teile gerettet werden konnten, die heute im Schloß ausgestellt sind. Die Festung wurde von Ludwig II. und König René ausgebaut, der hier unzählige prachtvolle Feste abhielt. Nachdem Angers an die Krone übergegangen war, erlebte es einen Niedergang. Heinrich III. ließ die Türme abdecken; sie dienten später als Gefängnis und wurden erst vor kurzem restauriert.

Angers. Die Schloßmauer und der Moulin-Turm vom Innern der Anlage aus gesehen (1). Die nördliche Schlupfpforte (2). Blick auf das Schloß von der Maine (3) und von Osten (4). Die Türme sind aus Schiefer mit weißen Steinlagen (5).

Folgende Seiten: Angers. Das sogenannte Gouverneurslogis innerhalb der Befestigungsanlagen (1). Ein Bildteppich der Apokalypse-Tapisserie (2). Die Königsgemächer (3).

1 △   2 ▽   3 ▷

Serrant

Aus rötlichbraunem Schiefer und weißem Kreidetuff erhebt sich das Schloß von Serrant aus den dunklen Wassergräben. Sein harmonisch einheitlicher Stil überrascht, wenn man bedenkt, daß sich sein Bau über drei Jahrhunderte hinzog. Die Arbeiten wurden 1546 nach den Plänen Philibert Delormes begonnen, aber erst 1705 mit der Errichtung der Kapelle nach Hardouin-Mansart und dem Mausoleum vollendet, das Coysevox für den Marquis de Vaubrun schuf. Hinter den runden Türmen liegt ein Ehrenhof mit einem großen Portal aus dem 17. Jh. Der romantische Park wurde erst später angelegt.

Ludwig XIV. und Napoleon I. waren Gäste in diesem Schloß, dessen Ehrentreppe und Kassettendecken des ersten Stockwerks gleichermaßen bemerkenswert sind. Die Prunkgemächer, eine reichhaltige Bibliothek, Tapisserien aus Flandern und Brüssel, ein sehr schöner italienischer Kabinettschrank, Porträts und eine Büste der Kaiserin Marie-Louise von Canova — alles zeugt von bestem Geschmack.

Serrant. Die drei Gebäudeteile des Schlosses (1). Ein Kabinettschrank aus Ebenholz, 17. Jh. (2), die große Treppe (3) sowie das Hauptportal (4). Die Ostfassade (5). Folgende Seiten: der Innenhof.

Plessis-Bourré

Jean Bourré konnte sich im Jahre 1468 als glücklicher Mann bezeichnen. Er war Staatssekretär der Finanzen Ludwigs XI. und Schatzmeister Frankreichs und hatte im Auftrag seines Herrschers den Bau des Schlosses von Langeais überwacht. Für sich selbst verwirklichte er nun einen Traum und errichtete auf seinem Gut Plessis-le-Vent einen Herrensitz. Er ließ Wassergräben in der Größe eines riesigen Teiches ausheben, um in dessen Mitte ein quadratisch angelegtes Schloß mit drei Türmen und einem Bergfried zu erbauen. Fünf Jahre später waren die Arbeiten abgeschlossen und eines der damals schönsten Schlösser Frankreichs vollendet.

Die dicken Mauern, eine Plattform für die Artillerie, eine Vorburg und eine 43 m lange Brücke, die die Gräben überspannt und an einer Zugbrücke endet, machen es zu einer Festung. Doch diese rohe Schale umschließt einen Edelstein, der sogar den Neid von Herrschern wie Ludwig XI., Karl VIII., Franz I. und Heinrich IV. erweckte. Die Sankt-Anna-Kapelle, der Gerichtssaal, der Gardesaal und seine mit Motiven von urwüchsigem Humor bemalte Holzdecke, die Bibliothek und die Empfangsräume verkörpern auf wunderbare Weise die herrschaftliche Lebensart des ausgehenden 15. Jahrhunderts.

Schloß von Plessis-Bourré mit seinen Gräben und der 43 m langen Brücke (1 und 3). Der Gardesaal und seine berühmte Kassettendecke aus dem 15. Jh. (2).

Le Lude

Dort wo Touraine, Maine und Anjou zusammentreffen, spiegelt sich die majestätische Giebelfront von Le Lude im Louis-seize-Stil in den Wassern des Loir. Ihren Rahmen bilden im Norden eine Fassade aus dem 16. Jh. und im Süden ein Flügel, der Stilelemente aus der Zeit Ludwigs XII. und Franz I. aufweist. Die Gebäude begrenzen einen Innenhof, den ein Portikus aus dem 18. Jh. abschließt. Trotz der Verschiedenartigkeit der einzelnen Teile wirkt die gesamte Anlage sehr harmonisch.

Beaugency

Beaugency beherrschte fast bis in die heutige Zeit die einzige Loire-Brücke zwischen Blois und Orléans und hat manchen Stürmen standgehalten, obgleich seine Verteidigungsanlagen im Laufe der Jahrhunderte sehr gelitten haben. Erhalten blieben der sogenannte „Teufelsturm" aus dem 12. Jh. und der Bergfried, der noch älteren Datums ist, wie es sein rechteckiger Grundriß mit den massiven Strebepfeilern zeigt.

Châteauneuf

Die Stadt hat ihren Namen von dem mittelalterlichen Schloß, das es schon lange nicht mehr gibt. Auf seinen Grundmauern wurde dann ein kleines Versailles errichtet, das wiederum während der Revolution dem Erdboden gleichgemacht wurde. Nur eine Rotunde mit Kuppel ist noch erhalten, in der heute inmitten eines schönen Parks das Rathaus untergebracht ist.

Meung-sur-Loire

Der Ursprung des Schlosses von Meung-sur-Loire geht auf das 12. Jh. zurück, doch wurde es später, vor allem im 18. Jh., umgebaut. Es diente nacheinander als Gefängnis für den berühmten François Villon, als Hauptquartier der Engländer, bevor die Jungfrau von Orléans sie verjagte, um sich selbst hier niederzulassen, und als Residenz der Bischöfe von Orléans.

Der Bergfried von Beaugency (1). In Châteauneuf-sur-Loire blieb von dem Schloß, das heute als Rathaus dient, nur die Kuppel erhalten (2). Das Ehrenportal von Meung-sur-Loire (3).

Beauregard

Das versteckt in einem geschlossenen Park am Rande des Forsts von Bussy gelegene einstige Jagdschloß Franz I. wurde vergrößert und bereichert, als es Ministern als Residenz diente, die sich für die Künste einsetzten. Zu Beginn des 17. Jh. fügte Paul Ardier, Leiter der Zentralstaatskasse unter Ludwig XIII., einen Seitenflügel an; vor allem verdanken wir ihm aber die „Galerie der Berühmtheiten", das einzige noch erhaltenen Beispiel eines damals sehr beliebten Dekors. Die historischen Porträts von 363 Königen und bekannten Persönlichkeiten sind in Bögen angeordnet. Der Boden des langen Saals ist mit Delfter Fliesen ausgelegt, die eine ganze Armee auf dem Vormasch darstellen, mit Kavalleristen, Infanteristen, Artilleristen und Musketieren.

Fougères-sur-Bièvre

Unweit von Cheverny liegt das Schloß von Fougères-sur-Bièvre, eine ehemalige Festung,

deren rechteckiger Bergfried aus dem 11. Jh. erhalten ist. Der Rest des Gebäudes wurde nach 1470 vom Finanzminister Ludwig XI., Pierre de Refuge, erbaut, der sehr der Tradition verhaftet blieb und eine Niederburg schuf. Die Galerie des Innenhofs mit einem gedrückten Bogen über achteckigen Pfeilern (in Anlehnung an den Charles-d'Orléans-Flügel von Blois) ist das Werk seines Schwiegersohns. Beim Besuch des Schlosses kann man das Kielholz-Gebälk des Wohntraktes bewundern.

Das Schloß von Beauregard (1) und seine „Galerie der Berühmtheiten" mit 363 historischen Porträts (5). Fougère-sur-Bièvre: der Innenhof des Schlosses, der quadratische Bergfried, das Hauptgebäude und ein kleines Wachttürmchen (2 und 3). Die Überreste der Burg von Lavardin (4).

Lavardin

Im 12. Jh. war Lavardin, hoch über dem Loir gelegen, die bedeutendste Burg der Grafen von Vendôme. Sie spielte aufgrund ihrer strategischen Lage eine wichtige Rolle im Kampfgeschehen, bis sie auf Befehl Heinrichs IV. 1590 geschleift wurde. Die romantischen Überreste des Schlosses enthalten noch ein paar interessante gotische Elemente und lassen die drei Ringmauern erkennen, die sogar Richard Löwenherz in Schach hielten. Hinter der Vorburg aus dem 14. Jh. gelangt man durch einen unterirdischen Gang unter der Mauer aus dem 15. Jh. hindurch zu dem sogenannten „Hemd", einer Wallmauer, die den rechteckigen Bergfried schützend umgibt, dessen Treppe gut erhalten ist.

Mer

Etwas abseits der Loire, flußaufwärts von Blois, besitzt die kleine Stadt Mer einen Herrensitz, der aus der gleichen Zeit wie das Schloß von Ménars stammt, doch insgesamt wesentlich bescheidener ist.

Montrichard

Sollte dieser quadratische Bergfried über dem Cher etwa das Werk Foulques Nerras sein? Selbstverständlich war es der unermüdliche Kämpfer, der ihn als Herausforderung an den Grafen von Blois errichtete. Er wurde im 12. Jh. durch eine zweite Mauer verstärkt, und 1250 noch ein drittes Mal. Da das Volk zu dieser Zeit aber einen protestantischen König nicht anerkannt hätte, ließ Heinrich IV. den „infamen" Bergfried entkrönen.

Ménars

Der Mittelteil des Schlosses aus dem 12. Jh. wurde von Madame de Pompadour erworben, die den Architekten Gabriel damit beauftragte, ihm das majestätische Aussehen zu verleihen, das es heute hat. Erstaunliche Seitenflügel und der in Terrassen zur Loire hin abfallende Park machten Ménars wirklich zu einem prächtigen Schloß. Leider konnte sich die Favoritin daran kaum erfreuen, da sie vier Jahre nach dem Kauf starb. Ihr Bruder, der Marquis de Marigny, vollendete die Umbauten mit der Hilfe des Architekten Soufflot. Er ließ die Gärten mit dem Amortempel, den Bädern der Marquise und den für das Grand Siècle typischen Skulpturen anlegen.

Schloß Chantecaille in Mer (1). Die Ruinen von Montrichard, dessen quadratischer Bergfried erhalten ist (2). Schloß Ménars am Ufer der Loire (3).

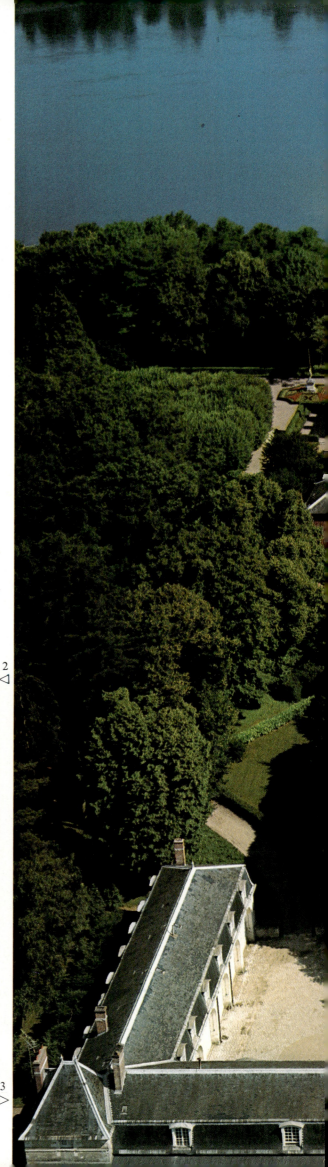

La Possonnière

Das Lehensgut La Possonière wurde von Loys de Ronsard nach seiner Rückkehr aus Italien dem Vater des Dichters, erworben, der in diesen Mauern 1524 das Licht der Welt erblickte und hier seine Kindheit verbrachte. Die Mauern des noblen Herrensitzes im italienischen Stil zeigen noch zahlreiche Inschriften aus jener Zeit. Das Familienwappen, drei silberne Fische auf blauem Grund, und die lateinische Devise „Die Zukunft gehört dem Verdienst", zieren die Spitze des Treppentürmchens.

Lateinische Inschriften und Zierelemente der Renaissance (1, 2 und 3) schmücken die Fenster des Herrensitzes von La Possonnire, wo Ronsard geboren wurde. Eine Ansicht des Gebäudes (4). Die Türen der Wirtschaftsgebäude (5).

5 △

Vendôme

Die ersten Grafen von Vendôme verstärkten einen sehr alten befestigten Platz nahe einer Loir-Insel und bauten ihn immer weiter aus, doch ließ die Revolution nur ein paar Ruinen zurück: den dikken, nach dem Grafen Poitiers benannten Turm, in dem der hohe Herr gefangen gesessen hatte, einige Teile der prachtvollen Mausoleen, in denen Antoine de Bourbon und Jeanne d'Albret bestattet wurden, sowie Überreste der Stiftskirche Saint-Georges.

Troussay

Dieses anziehende Herrenhaus aus der Renaissance war im vergangenen Jahrhundert Eigentum des Historikers Louis de la Saussaye. Wenn man hier ein Relief des berühmten Stachelschweins wiederfindet, so nicht, weil Ludwig XII. hier residiert hätte, sondern weil er das Gebäude anhand von Schmuckelementen zerstörter Gebäude der Region restaurieren und verschönern ließ.

Villesavin

Jean le Breton, der Bauleiter von Chambord, ließ sein Schloß Villesavin durch die Baumeister und Handwerker des Königsschlosses errichten. Der fast vollständig erhaltene reizende Renaissance-Bau zeigt einen leichten Einschlag in den Klassizismus. Sehenswert sind auch das Taubenhaus und ein italienischer Schalenbrunnen aus weißem Marmor.

Die Ruinen des Schlosses von Vendôme beherrschen den Loir; nur der Poitiers-Turm wurde im 15. Jh. wiederaufgebaut (1). Das Schloß von Troussay, unweit von Cheverny – eigentlich mehr ein Herrenhaus der Renaissance (2). Schloß Villesavin: die verzierten Dachfenster (3), der Salamander, Wappentier Franz I. (4), eine Büste des Königs (5).

3

4

5

Blancafort

Dieser schöne helle Backsteinbau aus dem 15. Jh. wurde nur leicht verändert, als die Faucon ihn im 17. Jh. erwarben. Aus dieser Zeit stammt der Ehrenhof mit den beiden Pavillons. Am rechten Sauldre-Ufer erstreckt sich ein halb verwilderter Park, der zu Füßen des strengen Gemäuers in einen französischen Garten mit kunstvoll angelegten Beeten übergeht. Im Innern des Schlosses können die mit Holztäfelungen im Régence-Stil verzierte Bibliothek, der mit getriebenem und bemaltem Leder aus Flandern ausgespannte Speisesaal sowie prächtige Tapisserien aus dem 17. und 18. Jahrhundert besichtigt werden.

Boucard

„Franciscus de Boucard", Großmeister der Artillerie, brachte 1560 seinen Namen am Nordtrakt an, der mit zwei weiteren Flügeln den Ehrenhof des Schlosses rahmt. Unter der Herrschaft Ludwigs XIV. ließ Marschall de Navailles Boucard umbauen, indem er den Gräben aus der Sauldre gespeiste Wasserläufe zuleiten ließ. Die Gärten im französischen Stil existieren leider nicht mehr. Der Renaissance-Flügel enthält reich möblierte Salons und die mit einem alten mechanischen Bratenwender ausgestattete Küche.

La Chapelle d'Angillon

„Schloß Béthune", das nach dem Herzog von Sully benannt ist, der nach 1600 sein Besitzer wurde, war im 12. Jh. Lehensgut des Fürstentums von Boisbelle, eines kleinen unabhängigen Staats mit Steuerfreiheit. Es ist in der für das Mittelalter charakteristischen Weise im Rechteck angelegt und besitzt Gräben, runde Türme und einen Bergfried. Der Hauptflügel erhielt im 16. Jh. Lukarnen, Kreuzfenster und Treppentürme, was seine Fassade ein wenig auflockerte. „Jeu de Paume" heißt eine Gale-

rie nahe dem Brunnen, deren schöne Arkaden ebenfalls das Ergebnis von Umbauten während der Renaissance sind.

La Verrerie

La Verrerie steht in perfektem Einklang mit der Landschaft, die das Schloß umgibt. Der Bau geht auf Karl VII. zurück, der es Jean Stuart, seinem Verbündeten im Kampf gegen die Engländer, schenkte. Es wurde bis um 1525 weiter ausgebaut. Als der Name der Familie dann erlosch, ging das Schloß wieder in den Besitz der Krone über. Ludwig XIV. überließ es der Favoritin Karls II. von England, der Herzogin von Portsmouth (eigentlich Louise de Kéroualle). Sie begründete die Präsenz des Adels von der anderen Seite des Ärmelkanals in der Sologne, in der auch zahlreiche schottische Handwerker, vor allem Glasbläser und Weber, ihre Werke hinterließen.

Fassade des Schlosses von Blancafort (1). Schloß Boucard mit seinen Gräben (2). Schloß Béthune in La Chapelle-d'Angillon (3). La Verrerie am Rand eines Sees bei Aubigny-sur-Nère gelegen (4).

Argy

Der quadratische Bergfried aus dem 15. Jh. mit seinen Pechnasen und den kleinen Wachttürmchen ist ein geradezu beispielhaftes Befestigungswerk. Charles de Brillac, ein Gefährte Ludwigs XII., dem Anna von Bretagne zugetan war, ließ die strenge Verbindungsmauer zwischen Bergfried und Wohnturm errichten. Doch so wehrhaft das Schloß auch von außen erscheint, so freundlich ist der mehr im französischen Stil gehaltene Wohntrakt. Eine doppelte Galerie verzierter Kielbögen, die von einem Korbbogen überwölbt werden, mit Initialen und Pflanzenmotiven verzierte Fassaden und kleine in Zinnen übergehende Säulen verkörpern in Argy die Handwerkskunst der Renaissance.

Azay-le-Ferron

Die Fassade des Schlosses von Azay-le-Ferron faßt vierhundert Jahre Architekturgeschichte zusammen: Der runde Turm stammt aus dem 15. Jh., der Pavillon Franz I. aus dem 16., der die beiden verbindende Humières-Flügel aus dem 17. und der Breteuil-Pavillon aus dem 18. Jahrhundert … Hinzu kommen der Park, wo in einem englischen Garten gestutzte Eiben und Buchsbäume im französischem Stil wachsen, und die Zimmerfluchten, deren Mobiliar eine Reise durch verschiedene Zeitalter darstellt. Die Stilepochen des Empire und der Restauration sind hier am stärksten vertreten, doch findet man auch Tapisserien aus der Renaissance und Gemälde aus der Genueser Schule des 17. Jahrhunderts.

Château-Guillaume

Das Schloß, das lange Zeit im Besitz der Familie La Trémoïlle war, beherrscht ein malerisches Dorf im Allemette-Tal. Die im Mittelalter strategisch bedeutende Anlage wurde oft umgebaut, bevor sie im vergangenen Jahrhundert wie das Schloß von Coucy restauriert wurde. Die imposante Burg hat einen rechteckigen Grundriß und umschließt einen quadratischen Bergfried mit schlanken Widerlagern.

Der Turm mit Pecherkern von Azay-le-Ferron (1) und der große Salon mit seiner Kassettendecke (2). Das im 19. Jh. weitgehend restaurierte Château-Guillaume (3). Argy: der Bergfried (5), die Galerie (4) und Schmuckelemente (6).

4 △

5 ◁

6 ▷

La Ferté-Imbault

Der Schwiegersohn von Thibault le Tricheur, Graf von Blois, baute hier eine Festung, die im Hundertjährigen Krieg zerstört, danach wieder neu aufgebaut, während der Religionskriege dem Erdboden gleichgemacht und schließlich durch Jacques d'Estampes, Marschall von Frankreich, wieder errichtet wurde.

Sarzay

Sarzay ist eine stolze feudale Burg mit Ziegeldächern, die George Sand für das Schloß Blanchemont in ihrem Werk *Der Müller von Angibault* Modell stand.

Villentrois

Die Ruinen der feudalen Burg beherrschen das Dorf Villentrois, das sich beiderseits des Modon erstreckt und früher für seine Feuersteinproduktion bekannt war.

Les Réaux/Bourgueil

Dieser Herrensitz aus dem 15. Jh. mit seinem Lustschlößchen war Eigentum des Memoirenschreibers Tallemant des Réaux, der durch seine *Historiettes* bekannt wurde, die die Gesellschaft des 17. Jh. beschreiben.

Die Schlösser La Ferté-Imbault (1) und Sarzay (2). Les Réaux bei Bourgueil (3). Die Ruine von Villentrois (4).

Bridoré
Vater und Sohn Boucicault, beide Marschälle von Frankreich, errichteten im 14. Jh. die Festung Bridoré, die Imbert de Bastarnay, oberster Kammerherr Ludwigs XI., umbauen ließ und durch das vieleckige Verteidigungssystem zu der am besten befestigten Burg der Region machte. Der von Türmen begrenzte Komplex hat in den trockenen Gräben sehenswerte geschützte Gänge.

Château-Renault
Die von Renault, dem Sohn von Gottfried von Château-Gontier, gegründete kleine Stadt Château-Renault nimmt seit dem 11. Jh. eine Anhöhe über dem Zusammenfluß von Brenne und Gault ein. Die von Linden beschatteten Terrassen des Schlosses bieten eine schöne Aussicht. Man erreicht sie durch ein Tor aus dem 14. Jh.; heute beherbergt das Schloß das Rathaus.

Chanteloup
Der von Ludwig XV. auf seine Besitzungen bei Amboise verbannte Herzog von Choiseul tauschte die Staatsangelegenheiten gegen die schönen Künste ein und umgab sich mit einem Hof von Intellektuellen und Künstlern — ein kleines Versailles. Der Herzog wünschte sich ein außergewöhnliches Monument als Zeugnis der Treue seiner Freunde, und da man zu dieser Zeit Chinoiserien bevorzugte, beauftragte er den Architekten Mézières mit der Errichtung der zu besichtigenden Pagode.

Le Coudray-Montpensier
In dieser Landschaft, die den Rahmen für die grotesken Kriegszüge des Königs Picrochole aus Rabelais' *Gargantua* abgab (der Herrensitz La Devinière, in dem der Schriftsteller einen Großteil seiner Kindheit verlebte, liegt nicht weit entfernt), wurde das Schloß 1481 durch Ludwig I. aus der Linie Bourbon-Montpensier vollendet.

Bridoré (1). Château-Renault (2). Die Pagode von Chanteloup (3).

Cinq-Mars-la-Pile

Das Dorf hat seinen eigenartigen Namen von einem Baudenkmal unbekannten Ursprungs und besitzt außerdem die Reste des Schlosses eines Günstlings Ludwigs XIII. Der Marquis von Cinq-Mars hatte sich mit Richelieu überworfen und versuchte, ihn auszuschalten. Die Verschwörung wurde aber aufgedeckt, und er ließ sein Leben mit 22 Jahren auf dem Schafott. Der Kardinal ließ daraufhin, wie üblich in solchen Fällen, das Schloß seines Feindes zerstören.

Genillé

Das freundliche Herrenhaus Genillé aus dem 15. Jahrhundert besitzt einen bemerkenswerten Taubenschlag und liegt still am Rande des Dorfes, das sich vor ihm bis zum Ufer des Indrois erstreckt.

Unweit von Chinon liegt das Schloß von Coudray-Montpensier (1). Die beiden Türme von Cinq-Mars–la-Pile (2). Schloß Genillé (3).

Le Grand-Pressigny
Das Schloß, in dem heute ein prähistorisches Museum eingerichtet ist, ist von hohem architektonischem Interesse. Es besitzt einen der ältesten romanischen Bergfriede des Loiretals, der im 15. Jh. Pecherker erhielt. Später wurde ihm der achteckige Vironne-Turm angefügt, dessen Abschluß eine Balustrade und eine Kuppel bilden. Mitte des 16. Jh. ließ der Marquis de Villars die gedeckte Arkadengalerie errichten.

La Guerche
Mit seinen im Wasser der Creuse verankerten Fundamenten bildete La Guerche einen Brückenkopf an der Stelle, wo eine alte römische Brücke den Fluß überspannte. Um 1540 veranlaßte André Villequier, Kammermeister Karls VII., einige Umbauten. Bemerkenswert an dem Gebäude sind vor allem die Kellergeschosse: Zwei überwölbte Etagen umfassen Magazine, ein Gefängnis und einen Speicher, in dessen Wänden noch die Getreiderutschen zu sehen sind.

Leugny
Auf einem Lehensgut, das einst der Familie Descartes gehörte, realisierte André Portier, ein Schüler des Architekten Jacques III. Gabriel, im 18. Jh. diese Stilübung: Er versah sein Schloß mit Schieferdächern, krönte es mit einer steinernen Balustrade und schmückte die Fenster des ersten Stockes mit Konsolen. Auch die Innenausstattung besticht mit ihren eleganten Zierleisten, prächtigen Kaminen und den Möbeln im Louis-seize-Stil.

Baudry
Baudry erhebt sich auf dem Standort eines verwunschenen mittelalterlichen Schlosses nördlich von Tours. Es weist sowohl die Pavillons als auch die Backsteintürme auf, die das 16. Jahrhundert so liebte.
Im Laufe der Zeit kamen noch die Parks und die Wirtschaftsgebäude hinzu, bis der ganze Komplex im vergangenen Jahrhundert gefällig umgestaltet wurde.

Paulmy
Die Argensons, eine alte Familie aus der Touraine, wurden durch mehrere Staatsmänner bekannt. Einer von ihnen, Marquis de Paulmy, war Kriegsminister, interessierte sich aber ausschließlich für Geschichte, die er in seiner Bibliothek, der reichhaltigsten seiner Zeit, studierte.

Die Überreste des Schlosses von Grand-Pressigny (1). Baudry in Cerelles (4). La Guerche, die uneinnehmbare Festung aus dem Hundertjährigen Krieg (2). Das kleine Schloß Leugny am Cher (3). Das Schloß Châtellier-le-Fort in Paulmy (5).

Le Rivau
Das helle romantische Schloß Le Rivau in seinem großzügigen Park wird in Rabelais' Erzählungen von *Gargantua* einem Ritter des Königs Picrochole zum Geschenk gemacht, und es geht noch heute eine ganz besondere Atmosphäre von ihm aus. Die von Pierre de Beauvau, dem Kammerherrn Karls V. befestigte Burg wurde schon vor der Belagerung von Orléans bekannt, denn aus ihren Stallungen erhielt Jeanne d'Arc Pferde für ihre Truppe. Der Bergfried stützt den von zwei Türmen flankierten Wohntrakt; der eine Turm beherbergt die Kapelle, der andere eine besonders schöne Treppe. In den im Stil der Gotik und der Renaissance eingerichteten Innenräumen finden heute Ausstellungen statt.

La Roche-Racan
Jacques Gabriel, der erste in einer Dynastie berühmter Architekten, baute dieses Schloß 1634 für Honorat de Bueil, Marquis de Racan. Letzterer wäre gerne für militärische Heldentaten in die Geschichte eingegangen, doch blieb der gewünschte Erfolg aus; auch in Herzensdingen, etwa mit den Damen Sylvie, Chloris und Arténice, hatte er nicht mehr Glück. Bekannt wurde er dagegen als Mitglied des Gründungskomitees der Académie Française sowie als Autor der Schäferdichtung *Stances sur la Retraite,* in der er seine unerfüllte Liebe zum Ausdruck brachte. Er war ein Freund und Schüler Malherbes und lebte vierzig Jahre lang auf diesem Landschloß.

Montbazon
Der viereckige Bergfried von Montbazon ist einer jener kolossalen Marksteine, die Foulques Nerra über seine Grafschaft verteilte, um sich gegenüber seinen Erzfeinden, den Grafen von Blois zu behaupten. So zeigt der Sockel der religiösen Statue, die die beiden noch erhaltenen Stockwerke der Burg krönt, denn auch das Werk des „Schwarzen Falken". Die Statue ist hier gar nicht so fehl am Platz, wie es scheinen mag: Der wüste Krieger erlegte sich regelmäßig die schwerste Buße auf, um seine Schuld zu sühnen und ergriff nicht weniger als dreimal den Pilgerstab, um eine Wallfahrt nach Jerusalem zu unternehmen.

Der romanische Bergfried von Montbazon mit der Statue der Jungfrau Maria (1). La Roche-Racan (2). Auf Burg Riveau (3), das Gemach des Königs (4) und das Himmelbett im Betraum (5).

Saché

Das schlichte Herrenhaus aus dem 16. Jh. wurde im 18. Jh. umgebaut und durch Honoré de Balzac bekannt, der sich hier verschiedene Male aufhielt. Das Schloß gehörte im vergangenen Jahrhundert seinem Freund de Margonne, und der Autor der *Menschlichen Komödie* floh des öfteren vor dem Trubel der Hauptstadt (und den Gläubigern) nach Saché. Ein kleines Museum bewahrt sein Andenken; auch die Einrichtung seines Zimmers blieb unverändert, mit dem Bett im Alkoven, dem Schreibtisch, dem Sessel. „Von hier", schrieb Balzac, „schweift mein Blick bis zur Indre und dem kleinen Schloß, dem ich den Namen Cloche-Gourde gegeben habe. Die Ruhe ist herrlich." Auf Saché schrieb er den *Vater Goriot, Die Erforschung des absoluten Prinzips* und einen Teil der *Lilie im Tal*, deren Handlung er am Indre-Ufer ansiedelte. Verschiedene Säle zeigen Porträts, Manuskripte und Originalausgaben sowie Andenken aus dieser Zeit.

Das Schloß La Roche-Racan (Text S. 132) und seine Terrassen (1). Schloß Saché, wo Balzac gerne weilte (3). Das unverändert gebliebene Zimmer des Schriftstellers (2).

Tours

Tours besitzt kein Schloß, das der Geschichte dieser Stadt würdig wäre. Man muß sich mit dem im 11. Jh. errichteten Guise-Turm begnügen, aus dem der Sohn des „Mannes mit dem Schmiß" nach der Ermordung seines Vaters entfloh. In der Nähe befindet sich der unter Ludwig XVI. errichtete Mars-Pavillon.

Vaujours

Die Stelle, an der sich das aus dem Mittelalter unter dem Namen Joyeux bekannte Schloß erhob, einem Namen, den ein kleiner See der Umgebung beibehalten hat, wirkt heute recht melancholisch. Die Türme und die Zwischenmauern sind zerfallen und von Dornengestrüpp überwuchert; wo der Fluß die Gräben speiste, bleibt nur noch Morast. Der Mauer und ihren runden Türmen mit den seltsamen Ausbeulungen, von denen einer noch Pecherker besitzt, ist eine Barbakane vorgebaut. Im Hof erkennt man die Überreste der Kapelle und des Schloßgebäudes aus dem 15. Jh.

Die sich in der Sonne rot färbenden Ruinen von Vaujours erinnern an eine berühmte Tochter der Touraine, Louise de la Baume le Blanc, die Hofdame der Schwägerin des Königs war, bevor sie dessen Herz eroberte. Doch kam sie als Herzogin von Vallière und Vaujours nur ein einziges Mal, 1669, auf dieses Schloß. Zu diesem Zeitpunkt war sie bereits nicht mehr die Favoritin des Sonnenkönigs. Von der Montespan verdrängt, zog sie sich ins Kloster zurück.

Tours. Das Schloß und der Guise-Turm (1). Die Ruinen des befestigten Schlosses von Vaujours (2).

Baugé

In Baugé nennt man es das „Schloß des Königs René", denn dieser leitete im Jahre 1455 persönlich den Bau dieses einladenden Gebäudes. Vielleicht war es der gutmütige König, der den Maurern riet, sich an den Wachttürmchen der Rückseite darzustellen... Gewiß ist aber, daß er und seine Mutter Yolande von Aragon, die die Engländer an den Toren der Stadt besiegt hatte, gerne auf dem Schloß weilten. Der König widmete sich hier der Malerei und der Versdichtung und ging im Wald von Chandelais auf Eberjagd.

Boumois

Das zu Beginn des 16. Jh. errichtete Schloß ist das perfekte Beispiel einer feudalen Niederburg und verbirgt hinter seinen Mauern einen herrschaftlichen Wohnsitz, dessen gotische Struktur mit Schmuckelementen aus der Renaissance versehen ist. Man bewundert das schmiedeeiserne Schloß des Treppenturms mit dem Wappen von René de Thory, dem gefährlichen Besitzer des Schlosses: Im Jahre 1529 heiratete er die schöne Anne d'Asse, nachdem beide sich auf endgültige Weise ihrer Ehepartner entledigt hatten.

Challain-la-Potherie

Am Ufer des Argos-Flusses, der hier einen kleinen See bildet, liegt Challain-la-Potherie an der Grenze zur Bretagne, doch gehört sein Schloß nicht zu dieser Provinz. Das neugotische Bauwerk aus dem 19. Jh. war lange im Besitz der Familie La Rochefoucauld.

Les Briottières

Im Herzen eines achtzig Hektar großen Parks erhebt sich das Schloß von Briottières inmitten mächtiger Bäume an einem Teich. Es entstand im 18. Jh. in einem kunstvollen, doch schlichten Barockstil.

Baugé (1). Die Außenfassade des Schlosses von Boumois (2). Das Schloß von Challain-la-Potherie aus dem 19. Jh., das man auch „Chambord des Anjou" genannt hat (3). Das schlichtere Schloß von Briottières in Champigné, 19. Jh. (4).

1 △ 2 ▽ 3 ▷

Champtoceaux
Das auf dem Gipfel eines bewaldeten Hanges am Rande der Region von Nantes gelegene Schloß von Champtoceaux war zwischen den Grafen von Anjou und den Herzögen der Bretagne heftig umstritten. Die Überreste des Schlosses blicken auf die Loire herab.

Chanzeaux
Auf einer Anhöhe am Ufer des Layon liegt inmitten von Winzerorten das Schloß von Chanzeaux mit seinen weitläufigen Nebengebäuden. Der neugotische, ganz von der Romantik geprägte Bau wurde im vergangenen Jahrhundert errichtet.

Coudray-Montbault
Das Schloß von Coudray-Montbault besitzt Burggräben mit fließendem Wasser und beweist, wie stark im 15. und 16. Jh. das Streben nach einer dekorativen Bauweise war. Man hat hier den roten Backstein mit einem Rautennetz aus dunkelgrün emaillierten Ziegeln überzogen. Zwei runde Türme rahmen das Hauptgebäude ein, das man über eine Steinbrücke erreicht. Ein dritter Turm vervollständigt den Komplex nach hinten. In den französischen Gärten findet man die Ruinen der Kirche aus dem 12. und der Priorei aus dem 13. Jahrhundert; letztere weist eine besonders schöne Grablegung mit lebensgroßen Figuren auf.

Die beiden miteinander verbundenen Türme des Schlosses von Champtoceaux (1). Chanzeaux (2). Coudray-Montbault (3).

1△

2▽

Eingang ist der schönste des ganzen Bauwerkes. Neben der Kapelle erhebt sich ein ungewöhnlicher Bau, dessen Schrägungen ihm das Aussehen eines Taubenschlages verleihen. Es handelt sich um den spitzgiebeligen Treppenturm des Wohntraktes.

Diese verfeinerte Architektur steht im Kontrast zu der von Türmen bestandenen Festungsmauer und dem gut erhaltenen rechteckigen Bergfried aus dem Mittelalter.

Durtal

Von dem Wehrgang des sechs Stockwerke hohen mittelalterlichen Bergfrieds mit seinen Lagen aus Schiefer und Kalkstein fällt der Blick auf die reizende Stadt am Ufer des Loir. Unter den spitzen, kegelförmigen Dächern weilten einst Heinrich II. und Katharina von Medici sowie Karl IX. Das Schloß von Durtal ist fast durchgehend im Louisseize-Stil errichtet. Hinter dem mit gewundenen Säulen verzierten Hof erhebt sich das Gebäude mit seinen schmalen, hohen Dachfenstern.

La Tremblaye

Das an einem Teich außerhalb von Cholet gelegene Schloß von La Tremblaye erinnert an den dichtenden Ritter, der Voltaire in Ferney aufsuchte: Einige Briefe, die der Philosoph ihm nach seinem Besuch schickte, ließen ihm die Eitelkeit zu Kopf steigen und seine Laufbahn scheitern.

Le Plessis-Macé (1). Schloß Durtal (2). Schloß La Tremblaye in Cholet (3).

Le Plessis-Macé

Ludwig XI. war zu Gast auf diesem Schloß, das sein Kammerherr Louis de Beaumont an der Stelle einer im 11. Jh. von Macé du Plessis errichteten Festung erbaut hatte. Das herrliche Gebäude stellt den Übergang zwischen zwei Epochen dar, und nach Ludwig XI. weilten auch Karl VIII., Franz I. und Heinrich IV. hier, doch war das Schloß inzwischen in den Besitz der Du Bellay übergewechselt. Ihnen verdanken wir die hochgotische Kapelle mit einer bemerkenswert gearbeiteten Kielbogentür. Im Innern befinden sich ein Altar aus dem 15. Jh. sowie eine Holztribüne mit zwei Geschossen, einem für die Schloßherren und dem anderen für die Gäste.

Ähnlich war im Innenhof verfahren worden, wo die Dienerschaft von einem Balkon des Nebenflügels und ihre Herren von einem anderen Balkon an der Ecke des Haupttraktes, dem Prunkstück von Plessis-Macé, den häufigen Belustigungen wie Lanzenstechen, Empfängen oder Gauklervorstellungen beiwohnten. Während sich an den Gebäuden dunkler Schiefer und Lagen von Tuffstein abwechseln, wurde für diese herrschaftliche Loggia nur der leicht zu bearbeitende weiße Stein verwendet, und der edle Skulpturenschmuck über dem

Bazouges

Die einladende Anlage von Bazouges mit dem Schloß, der Mühle am Loir and dem französischen Park ist das Werk des Kammerherrn von Ludwig XII. und Franz I., Baudoin de Champagne. Die beiden schweren, weißen Türme mit Pechnasen und den spitzen, kegelförmigen Dächern wurden nachträglich angefügt. In einem der beiden ist die Kapelle untergebracht, die das für das Anjou charakteristische hohe, kuppelartige Gewölbe aufweist.

Courtanvaux

Das Schloß aus dem 15. Jh. war Sitz einer Markgrafschaft und nacheinander im Besitz der Familien Souvré, Louvois (ihr entstammt der Kriegsminister Ludwigs XIV.) und Montesquiou Fezensac, dem Geschlecht des „echten d'Artagnan", der Marschall von Frankreich war. Nachdem das Gebäude lange Zeit leergestanden hatte, ließ sich im Jahre 1811 die Gräfin von Montesquiou, die Gouvernante des Königs von Rom, mit dem Herzog von Reichstadt hier nieder.

Poncé

Die feudale Burg der Herren von Poncé wich in der Renaissance diesem attraktiven Bauwerk, das einen der schönsten Treppenaufgänge überhaupt besitzt. Er besteht aus sechs geraden Läufen, je zwei pro Stockwerk; jede der 135 Kassetten der Bogenlaibung aus weißem Stein zeigt ein anderes Relief aus der Motivwelt der Menschen, Pflanzen und Tiere.

Craon

Mit Craon schuf der Architekt Pommeyrol aus Toulouse ein typisches Schloß im Louisseize-Stil. Dem Bildhauer Lemeunier vertraute er die Verschönerung der Gartenfassade an, die durch eine Überfülle an Girlanden, Vasen, Medaillons und Masken gekennzeichnet ist. Der englische Park von Chatelain aus der Romantik umschließt einen französischen Garten.

Gallerande

Etwas flußaufwärts von Bazouges, doch weit ab vom Wasserlauf verbirgt sich Schloß Gallerande in einem Park, in dem Pfauen spazieren. Mächtige Bäume, majestätische Zedern und ein viereckiges Wasserbecken bilden den Rahmen für dieses Schloß aus dem 13. und 14. Jh., das runde Türme mit Pecherkern und ein ungewöhnlicher achteckiger Bergfried begrenzen.

Laval

Der älteste Teil des Schlosses von Laval ist zugleich der außergewöhnlichste: Der Bergfried vom Anfang des 12. Jh. hat bis heute nicht nur sein ursprüngliches Dach, sondern auch sein Gebälk bewahrt. Es ragt über die Mauer hinaus und bildet eine Hurdengallerie. Enorme Balken sind strahlenförmig auf das Mauerwerk aufgelegt, und das Gewicht der Hurde wird durch die Masse des riesigen zentralen Ständers ausgeglichen.

Das Schloß von Bazouges-sur-le-Loir (1). Schloß Poncé (2). Courtanvaux (3). Gallerande (4). Craon (5). Letzte Seite: Das Schloß von Laval.

© 1987 Editions Minerva S.A., Genève
Deutsche Lizenzausgabe
Parkland Verlag, Stuttgart
Übersetzung: Inge Eisler
Schutzumschlag: Klaus Pachnicke, Stuttgart
Satz: Typoservice Strothoff, Rietberg
Printed in Italy
ISBN 3-88059-293-4

Bildnachweis

Arthaud 107 – Bénazet 1, 2c, 3b, 4a, b, c, 5a, 8b, c, 9, 10c, 22a, b, 26b, c, d, 36a, 37a, 38a, b, 40a, b, c, d, 41, 43, 46c, d, 48, 50c, d, 52c, 53c, 61c, 66a, b, 67a, b, 68a, 69, 70b, 72b, 73, 81b, 82, 84-85, 90a, b, 93a, b, c, d, f, 95, 98a, 99, 105, 110a, 113b, 114a, b, c, d, 120a, b, 121a, b, c, 122a, b, 123a, b, 124c, 125a, b, c, 127a, 128a, b, c, 129a, b, c, 130b, d, 132a, 133a, b, c, 134a, b, 135a, b, 136a, 138a, 140a, b, 143a, b – Cauchetier 2b, 20a – La Cigogne 112, 124b, 126b, 142, 143c, 144 – Delon 115 – Dichter-Lourie 124a – Gaud 36b, 37b – Gontscharoff 49b, 56a – Halary 57b – Labbé 42b, 44c, 130a, c, 131, 143d – De Laubier 39a, b – List 5b, 97a, 102a – Meauxsoone 34-35 – Perdereau 100a, 119b – Pix gardes, 2a, 6a, b, c, d, 8a, 10a, b, 12a, b, 13a, b, 14, 15a, b, 16a, b, 17b, 18-19, 20b, 21, 23, 24a, b, 25a, b, c, 26a, 27, 28a, b, 29a, b, 30-31, 32c, 33, 36c, 42a, c, 44a, b, 45, 46a, b, 47a, b, 49a, 50a, b, 51a, b, 52a, b, 53a, b, d, e, 54-55, 56c, 57a, 58, 59, 60a, b, c, d, e, 61a, b, 62-63, 64a, b, 65a, b, 68b, 70a, c, 71b, c, 72a, 74, 75a, b, c, 77, 78a, b, 79, 80a, b, c, 81a, 83, 86a, b, c, 87a, b, c, d, 88-89, 90c, d, 91, 92b, 93e, 94a, b, c, 96a, b, 97b, c, 101a, b, 102b, 103a, b, 104a, b, 106a, b, c, d, 108-109, 110b, 111, 113a, c, 116a, b, 117, 127b, 134c, 137b, 139 – Planchard 92a, 98b, 136b – Revault 3a, 7, 16c, 17a, 100b, 101c, 103c, 118a, b, c, 119a, 137a, 138b, 141 – Riby 32a, 56b, 71a, 76, 126a.